Kostenlose Online-Spiele Entdecken

Hier Erhältlich:

BestActivityBooks.com/FREEGAMES

5 TIPPS FÜR DEN ANFANG!

1) LÖSUNG DER RÄTSEL

Die Puzzles haben ein klassisches Format :

- Die Wörter sind ohne Abstand, Bindetrich usw… versteckt
- Richtung : vor-& rückwärts, auf & ab oder in der Diagonale (beider Richtungen)
- Die Wörter können übereinanderliegen oder sich kreuzen

2) AKTIVES LERNEN

Neben jedem Wort ist ein Abstand vorgesehen zum Aufschreiben der Übersetzung. Um ihre Kenntnisse zu überprüfen und zu erweitern befindet sich am Ende des Buches ein **WÖRTERBUCH**. Suchen sie die Übersetzungen, schreiben sie sie auf, dann können sie sie in den. Puzzles suchen und ihrem Wortschatz hinzufügen.

3) ANZEICHNUNG DER WÖRTER

Haben sie schon einmal versucht eine Anzeichnung zu verwenden? Sie könnten zum Beispiel die Wörter, die schwer zu finden sind, ankreuzen, die Wörter, die sie lieben, mit einem Stern, neue Wörter mit einem Dreieck, seltene Wörter mit einem Diamant usw … anzeichnen

4) IHR LERNEN ORGANISIEREN

Am Ende dieser Ausgabe bieten wir auch ein praktisches **NOTIZBUCH** an. Ob im Urlaub, auf Reisen oder zu Hause, sie können ihr neues Wissen ganz einfach organisieren, ohne ein zweites Notizbuch zu benötigen!

5) SIND SIE AM SCHLUSS ?

Gehen sie zum Bonusbereich : **MONSTER-HERAUSFÖRDERUNG,** um ein kostenloses Spiel zu finden, das am Ende dieser Ausgabe angeboten wird !

Lust auf mehr Spaß und **Lernaktivitäten? Schnell und einfach :** eine ganze Spielbuchsammlung mit einem einzigen Klick erhaltbar :

Mit diesem Link finden sie ihre nächste Herausforderung :

BestActivityBooks.com/MeineNachsteWortsuche

Achtung, fertig, ... Los !!

Wussten sie, dass es auf der Welt ungefähr 7.000 verschiedene Sprachen gibt ? Wörter sind kostbar.

Wie lieben Sprachen und haben schwer daran gearbeitet, die Bücher von höchster Qualität für sie zu entwerfen. Unsere Zutaten ?

Eine Auswahl von angepassten Lernthemen, drei große Scheiben Spaß, dann fügen wir einen Löffel schwieriger Wörter und eine Prise seltener Wörter hinzu. Wir servieren sie mit Sorgfalt und ein Maximum an Freude, damit sie die besten Wortspiele lösen und Spaß am Lernen haben.

Ihre Meinung ist wichtig. Sie können aktiv zum Erfolg dieses Buches beitragen, indem sie uns eine Bemerkung hinterlassen. Sagen sie uns, was ihnen an dieser Ausgabe am besten gefallen hat !!

Hier ist ein kurzer Link, der sie zu ihrer Bewertungsseite führt

BestBooksActivity.com/Rezension50

Vielen Dank für ihre Hilfe und viel Spaß

Linguas Classics

1 - Ozean

물	굴	임	마	농	권	그	식	봉	봉	시	법	농	임
고	래	수	수	독	스	시	술	게	낚	독	수	쁨	다
기	춤	이	포	츠	법	휴	다	권	공	캠	림	구	원
예	수	기	기	사	산	호	상	배	스	포	예	농	하
킹	기	활	예	심	독	게	어	포	진	편	킹	야	츠
권	봉	원	농	농	하	해	물	그	다	예	지	하	휴
봉	진	핑	이	림	법	참	파	이	가	법	핑	소	금
츠	투	게	츠	사	렵	치	하	리	예	법	휴	즐	동
이	이	핑	독	독	춤	심	림	농	낚	동	거	북	이
야	게	법	킹	편	하	핑	동	심	렵	야	권	하	독
핑	포	예	파	하	야	림	법	장	핑	식	이	재	임
새	우	폭	도	츠	봉	춤	문	어	도	권	공	즐	권
수	쁨	야	풍	동	포	스	물	서	이	즐	사	렵	재
다	쁨	이	조	수	암	초	이	킹	캠	돌	고	래	진

장어
돌고래
물고기
새우
조수
상어
산호
문어
해파리

암초
소금
거북이
스펀지
폭풍
참치
고래
파도

2 - Schule #1

심	활	포	공	마	종	봉	식	이	심	선	동	기	마
진	친	휴	심	진	이	림	활	수	즐	뽐	생	관	투
킹	책	구	이	게	뽐	즐	봉	그	하	구	춤	님	권
포	상	수	츠	편	뽐	가	스	구	연	시	법	점	심
휴	의	퀴	즈	활	여	술	심	편	핑	필	임	편	하
숫	자	림	활	동	폴	법	스	이	낚	핑	가	포	식
서	렵	기	구	시	더	캠	독	공	관	포	포	휴	시
물	그	하	휴	험	알	파	벳	도	수	학	캠	킹	관
가	동	여	야	심	스	킹	수	서	진	관	킹	휴	사
렵	답	식	동	스	킹	즐	교	관	수	독	농	츠	림
사	변	스	스	진	다	림	실	법	공	식	예	수	서
원	재	여	원	핑	휴	심	법	활	법	펜	도	림	스
즐	미	법	술	구	렵	투	뽐	림	낚	야	여	기	활
독	렵	동	스	시	다	킹	다	동	식	시	진	기	진

알파벳
답변
도서관
연필
친구
교실
선생님
수학
점심

폴더
종이
시험
퀴즈
책상
재미
의자
숫자

3 - Meditation

통	다	운	그	휴	포	다	킹	가	편	캠	렵	춤	식
여	찰	동	생	각	춤	법	임	르	독	진	핑	다	권
사	야	력	핑	킹	농	시	킹	침	평	렵	야	마	휴
휴	렵	도	시	술	킹	심	게	묵	화	원	퍼	음	이
관	투	편	이	도	여	술	츠	시	퍼	원	시	진	재
주	예	가	편	농	봉	다	핑	행	복	낚	술	심	사
심	의	권	농	구	킹	관	봉	킹	뿜	캠	구	기	동
정	신	깨	스	서	독	가	독	도	마	낚	마	사	마
봉	권	어	이	관	물	즐	임	게	관	동	츠	독	마
선	명	도	즐	점	투	츠	킹	편	츠	농	서	시	츠
감	심	도	핑	이	호	진	물	마	야	원	츠	그	편
도	사	수	락	관	흡	자	핑	관	술	편	포	음	악
법	진	낚	공	게	활	연	법	연	포	친	절	재	도
이	림	퍼	킹	권	그	게	관	민	사	기	휴	츠	춤

수락
호흡
주의
운동
감사
통찰력
친절
평화
생각
정신

행복
선명도
가르침
연민
음악
자연
관점
침묵
마음
깨어

4 - Meisterschaft

시	임	포	예	수	활	마	포	판	사	다	토	예	퍼
임	스	심	낚	구	식	물	지	구	력	스	너	핑	관
공	마	활	봉	투	리	다	다	핑	임	포	먼	뽐	휴
낚	핑	땀	가	림	그	동	포	게	법	츠	트	활	임
권	술	팀	기	캠	캠	기	하	편	기	재	동	야	킹
식	사	권	퍼	승	리	부	게	캠	공	렵	동	물	술
수	렵	가	낚	수	봉	여	성	능	킹	독	임	물	스
편	마	츠	투	휴	즐	그	렵	하	시	게	휴	물	사
챔	피	언	십	챔	뽐	그	구	기	춤	임	메	사	퍼
시	마	활	킹	즐	피	림	예	예	스	여	수	달	퍼
포	농	다	물	재	원	언	킹	편	봉	즐	낚	사	림
구	핑	법	식	구	코	즐	림	스	재	기	구	마	림
하	낚	진	편	법	치	재	츠	도	진	여	퍼	도	예
전	략	심	포	투	포	마	수	진	서	식	가	림	수

지구력　　　　　　　　　판사
챔피언　　　　　　　　　승리
리그　　　　　　　　　　게임
메달　　　　　　　　　　스포츠
챔피언십　　　　　　　　전략
동기 부여　　　　　　　코치
성능　　　　　　　　　　토너먼트

5 - Insekten

츠	킹	메	츠	킹	포	포	임	휴	퍼	게	가	림	재
재	활	여	뚜	식	흰	매	미	다	봉	봉	진	스	바
휴	진	딧	물	기	사	개	림	야	휴	공	딱	서	퀴
사	마	귀	농	봉	킹	미	미	법	림	야	정	뺨	벌
여	낚	야	유	이	포	사	공	도	무	당	벌	레	레
벼	룩	구	충	낚	춤	진	구	식	진	여	레	심	수
활	캠	그	물	휴	투	예	도	활	휴	사	낚	캠	임
구	렵	다	술	도	마	투	시	즐	퍼	마	사	서	춤
벌	임	투	렵	렵	농	게	림	스	예	동	사	농	시
레	휴	심	심	퍼	서	말	예	농	즐	그	식	다	관
야	렵	스	관	츠	권	수	벌	원	권	츠	캠	사	캠
임	포	뺨	도	나	나	임	투	시	낚	킹	게	재	잠
킹	모	다	식	비	방	이	재	여	퍼	시	관	투	자
캠	기	포	서	여	임	핑	도	퍼	원	야	렵	다	리

개미   무당벌레
진딧물   나방
벼룩   모기
사마귀   나비
메뚜기   흰개미
바퀴벌레   말벌
딱정벌레   벌레
유충   매미
잠자리

6 - Dinosaurier

농	퍼	선	렵	그	츠	렵	서	기	여	심	시	가	파
서	뽐	사	공	휴	사	편	식	핑	잡	식	성	지	충
수	시	시	임	활	심	악	순	환	수	시	낚	구	류
낚	독	대	식	뽐	서	강	먹	이	종	크	재	가	하
독	매	화	석	공	다	한	진	권	여	기	술	그	술
게	임	머	림	편	농	가	농	재	퍼	공	서	편	수
낚	그	낚	드	림	여	식	기	법	휴	농	춤	포	캠
이	날	개	물	시	예	포	림	즐	심	시	도	술	서
임	게	포	꼬	리	츠	캠	퍼	휴	스	관	진	권	편
초	편	거	심	활	포	농	핑	물	이	사	화	림	야
시	식	큰	대	여	술	림	소	실	이	낚	휴	농	다
물	그	동	스	한	원	그	재	퍼	즐	하	사	활	퍼
수	동	식	물	서	포	독	식	수	서	봉	게	춤	수
동	관	원	가	관	진	도	편	투	투	츠	그	휴	킹

잡식성	크기
먹이	강한
악순환	매머드
거대한	초식 동물
지구	선사 시대
진화	파충류
날개	꼬리
화석	소실

7 - Obst

기	공	권	파	림	즐	동	낚	야	투	다	코	그	림
재	구	재	인	독	핑	즐	낚	예	기	투	코	캠	레
캠	아	림	애	캠	진	림	휴	쁨	핑	핑	넛	식	몬
심	심	보	플	농	공	게	예	복	숭	아	낚	독	츠
자	츠	즐	카	포	킹	핑	관	다	재	편	즐	핑	재
투	두	독	천	도	복	숭	아	퍼	핑	야	활	배	쁨
물	진	공	체	리	바	킹	구	여	살	봉	심	마	츠
림	츠	림	다	사	나	휴	도	관	서	구	마	퍼	진
파	파	야	재	수	나	권	활	하	봉	퍼	서	라	포
블	랙	베	리	원	게	여	서	공	키	휴	그	즈	식
스	원	리	투	가	농	츠	스	마	위	재	림	베	권
림	독	낚	마	다	멜	포	봉	봉	사	과	관	리	구
게	활	독	재	활	론	수	쁨	예	하	오	렌	지	하
활	그	진	야	원	즐	도	포	물	공	가	가	원	서

파인애플	코코넛
사과	멜론
살구	천도 복숭아
아보카도	오렌지
바나나	파파야
베리	복숭아
블랙베리	자두
라즈베리	포도
체리	레몬
키위	

8 - Schule #2

구	도	그	낚	시	가	투	게	봉	임	권	다	법	구
가	서	렵	야	활	문	배	임	림	권	츠	식	킹	즐
핑	관	가	다	이	버	법	낭	예	심	식	춤	활	식
사	사	위	투	투	스	야	가	독	수	여	핑	과	봉
서	서	서	재	캠	캠	심	농	봉	츠	관	문	학	펜
야	게	종	교	육	게	가	낚	구	심	림	캠	습	도
권	게	공	이	가	마	관	활	법	포	수	학	기	심
독	가	권	수	원	가	캠	수	심	컴	퓨	터	게	게
구	캠	법	식	휴	심	킹	봉	농	구	활	독	재	법
술	이	그	지	우	개	사	전	즐	관	사	권	임	투
낚	독	하	춤	농	사	책	렵	임	뽐	야	서	킹	핑
투	휴	술	술	게	캠	독	가	독	서	즐	식	낚	봉
기	게	가	뽐	달	동	재	원	퍼	도	관	캠	가	원
심	심	림	퍼	력	연	필	관	스	캠	게	그	수	재

도서관　　　　　　　　문학
교육　　　　　　　　　수학
연필　　　　　　　　　종이
버스　　　　　　　　　지우개
컴퓨터　　　　　　　　배낭
문법　　　　　　　　　가위
달력　　　　　　　　　게임
학습　　　　　　　　　과학
독서　　　　　　　　　사전

9 - Spielzeuge

크	레	용	상	스	기	투	배	킹	로	술	드	퍼	스
재	하	관	상	사	차	진	기	활	식	봇	럼	즐	구
투	식	체	력	자	관	독	권	진	점	활	포	춤	책
식	게	춤	스	전	비	트	포	그	토	물	가	야	재
여	렵	투	식	거	행	럭	독	킹	원	다	수	즐	림
동	게	농	임	물	기	법	원	휴	여	여	관	도	투
봉	법	사	퍼	농	서	농	구	공	예	즐	스	게	그
편	권	게	핑	캠	물	투	원	수	이	예	림	임	하
구	심	활	좋	게	휴	차	편	수	예	하	다	권	낚
구	진	캠	아	술	휴	뿜	렵	심	심	봉	마	킹	낚
즐	활	마	하	예	식	즐	독	권	공	식	그	독	서
춤	하	가	는	편	낚	권	원	야	공	츠	구	뿜	림
인	기	식	시	츠	예	츠	즐	동	핑	편	스	활	가
형	이	원	임	식	봉	마	구	동	가	핑	연	야	투

크레용   퍼즐
자전거   로봇
좋아하는   체스
비행기   드럼
공예   게임
트럭   점토
상상력   기차
인형

10 - Komödie

휴	봉	그	농	림	도	편	낚	퍼	렵	원	퍼	농	담
하	관	독	킹	재	투	뿜	동	가	진	법	편	물	농
독	패	기	권	춤	즐	임	하	야	즐	사	독	렵	퍼
다	예	러	포	기	그	마	관	공	렵	심	봉	독	동
도	하	다	디	분	츠	춤	이	예	가	뿜	심	재	게
마	퍼	활	사	텔	심	즐	킹	술	편	여	배	우	이
즉	흥	연	주	레	퍼	구	장	뿜	동	동	우	캠	수
림	수	스	원	비	공	술	르	권	광	이	나	동	법
공	진	웃	츠	전	동	영	진	킹	뿜	대	타	동	포
렵	독	음	투	즐	마	도	리	술	봉	술	내	핑	임
극	예	원	박	수	핑	춤	핑	한	핑	투	는	투	재
장	심	캠	핑	공	렵	춤	낚	동	그	원	핑	술	미
활	다	시	독	술	술	기	킹	춤	마	봉	렵	게	봉
사	츠	마	독	권	법	렵	퍼	뿜	재	이	청	중	진

박수	웃음
나타내는	패러디
광대	청중
텔레비전	배우
장르	여배우
기분	재미
즉흥 연주	극장
영리한	농담

11 - Camping

동	수	원	식	재	진	킹	춤	숲	사	츠	수	기	진
물	렵	텐	트	미	그	서	림	권	진	법	마	다	핑
여	포	재	밧	술	게	나	침	반	임	포	사	심	서
림	사	원	줄	불	식	호	핑	공	하	구	공	구	독
사	편	이	수	활	포	수	포	수	여	원	츠	야	동
진	해	림	물	낚	카	지	관	도	이	다	여	술	캠
산	먹	시	킹	투	누	마	도	봉	수	기	심	핑	관
핑	편	가	이	게	관	다	도	구	여	독	마	게	낚
가	퍼	도	그	캠	술	독	농	봉	임	공	즐	츠	렵
마	춤	기	모	가	봉	퍼	법	공	투	츠	낚	독	킹
야	그	공	험	자	연	렵	즐	예	봉	동	공	임	도
수	여	퍼	공	나	무	기	캐	빈	하	곤	낚	마	마
기	진	식	포	임	즐	법	기	렵	독	충	임	관	달
수	이	봉	관	퍼	야	물	림	핑	수	관	구	법	춤

모험   지도
나무   나침반
해먹   자연
모자   호수
곤충   밧줄
수렵   재미
캐빈   동물
카누   텐트

12 - Zeit

농	여	농	렵	연	도	야	달	물	진	투	낚	림	여
림	야	봉	술	법	간	세	력	법	술	독	렵	즐	그
츠	가	예	재	하	식	기	구	공	원	원	주	이	하
편	편	활	핑	킹	마	다	활	투	킹	권	기	그	퍼
하	하	그	스	월	핑	동	임	구	캠	포	투	밤	예
시	봉	캠	동	킹	임	하	기	관	정	시	법	오	물
킹	시	렵	즐	진	그	그	가	임	오	진	마	늘	뿜
림	편	낚	원	캠	법	관	춤	예	시	수	시	권	농
어	제	활	서	렵	농	킹	핑	휴	예	법	츠	지	금
후	즐	법	킹	가	킹	여	야	진	이	사	물	츠	캠
활	십	시	간	림	포	미	래	봉	전	관	렵	예	츠
낚	년	계	서	퍼	법	봉	춤	이	에	이	물	구	여
야	아	침	킹	림	마	게	츠	스	기	킹	서	야	그
여	춤	분	즐	렵	렵	물	원	관	휴	일	사	다	마

어제   정오
오늘   아침
세기   시간
십년   시계
연간   전에
지금   미래
달력

13 - Säugetiere

그	춤	투	기	진	기	시	캥	야	하	임	렵	그	농
그	가	술	게	권	린	도	거	킹	진	여	가	휴	게
구	농	사	예	법	도	퍼	루	서	가	구	마	권	임
즐	표	술	쥐	게	렵	투	임	즐	법	즐	농	수	법
편	범	원	마	원	렵	기	수	양	캠	개	사	휴	서
곰	퍼	숭	식	식	휴	공	고	래	즐	스	여	물	기
사	자	이	투	퍼	투	하	릴	가	도	임	가	우	하
캠	퍼	임	호	다	핑	진	라	도	림	사	관	포	림
여	비	버	그	랑	가	투	농	편	진	얼	임	도	활
독	임	늑	대	이	이	관	포	물	원	룩	식	하	사
포	재	렵	핑	가	즐	즐	낚	뿜	코	말	그	이	물
술	캠	마	예	코	가	이	그	퍼	요	뿜	원	낚	캠
투	다	즐	독	끼	황	서	기	수	테	뿜	예	물	서
퍼	게	사	여	리	소	원	서	사	림	그	서	원	기

원숭이	사자
비버	표범
코끼리	황소
여우	호랑이
기린	고래
고릴라	늑대
캥거루	얼룩말
코요테	

14 - Astronomie

활	사	투	포	혜	핑	핑	천	구	핑	농	구	별	사
공	전	망	대	성	초	예	동	문	퍼	츠	이	자	심
이	예	도	식	운	신	사	도	춤	학	심	권	리	투
망	림	재	투	림	성	코	농	관	도	자	수	술	츠
원	공	그	퍼	예	사	스	포	편	기	편	츠	퍼	임
경	봉	임	편	기	그	모	원	활	야	즐	퍼	공	농
가	춤	권	스	게	달	스	지	구	하	늘	휴	유	농
수	하	편	원	서	편	다	렵	그	뿜	마	위	성	투
핑	조	킹	우	주	비	행	사	소	수	다	휴	춤	킹
스	스	디	수	독	낚	여	편	행	서	술	하	구	진
로	켓	편	악	퍼	권	수	투	성	우	주	관	투	즐
시	그	구	물	임	낚	즐	캠	기	춤	춤	게	즐	구
행	구	도	다	그	하	재	킹	즐	관	핑	뿜	캠	도
성	이	예	투	관	기	식	물	예	하	농	야	여	다

소행성   성운

우주 비행사   전망대

천문학자   행성

지구   로켓

하늘   위성

혜성   초신성

별자리   망원경

코스모스   조디악

유성   우주

15 - Ballett

우	마	작	가	포	나	법	춤	춤	봉	퍼	수	술	권
오	아	진	곡	동	타	야	음	악	그	권	게	농	휴
케	독	한	구	가	내	여	기	술	공	제	서	가
스	진	핑	츠	서	는	안	근	육	독	주	스	타	일
트	사	심	권	핑	임	무	투	츠	식	낚	처	휴	렵
라	휴	법	시	캠	박	림	뽐	농	투	기	사	낚	관
기	연	활	임	농	수	활	편	수	도	하	서	게	낚
뽐	습	권	여	리	허	설	독	임	캠	투	법	춤	법
독	도	사	도	낚	듬	스	청	퍼	도	임	수	임	활
수	핑	활	댄	서	캠	포	중	렵	포	퍼	핑	동	킹
동	사	기	낚	임	서	진	편	뽐	게	도	이	공	마
농	원	가	사	낚	가	야	권	뽐	기	사	즐	시	시
강	렬	함	예	술	적	기	기	퍼	가	여	즐	재	심
즐	법	뽐	물	관	뽐	술	야	진	발	레	리	나	재

우아한	근육
박수	오케스트라
나타내는	연습
발레리나	리허설
안무	청중
제스처	리듬
강렬함	독주
작곡가	스타일
예술적	댄서
음악	기술

16 - Strand

렵	범	다	다	농	수	권	그	캠	대	권	식	포	낚
핑	진	선	바	수	예	활	이	투	양	독	우	산	야
사	심	사	다	예	시	관	게	스	동	휴	수	법	마
예	물	동	게	하	여	춤	포	낚	동	마	건	마	스
편	포	가	퍼	모	래	킹	가	암	초	핑	뽐	술	권
술	해	안	휴	가	진	스	춤	림	라	섬	렵	게	농
활	킹	뽐	투	블	공	이	야	휴	군	봉	봉	츠	서
심	츠	야	하	식	루	마	독	낚	독	하	여	포	가
마	편	술	편	수	림	가	권	도	마	시	낚	여	독
게	식	림	퍼	원	재	야	그	서	독	그	관	핑	뽐
캠	게	휴	포	재	여	기	츠	게	이	킹	태	가	독
임	관	식	이	렵	즐	도	이	재	마	심	양	춤	진
게	캠	술	권	즐	배	구	야	권	마	포	구	야	식
렵	심	활	도	렵	샌	들	가	원	시	동	편	예	원

블루　　　　　　　　　암초
수건　　　　　　　　　모래
해안　　　　　　　　　샌들
라군　　　　　　　　　범선
바다　　　　　　　　　태양
대양　　　　　　　　　휴가
우산

17 - Restaurant #1

봉	서	림	술	야	웨	커	피	춤	사	부	포	디	하
식	가	활	서	캠	이	빵	술	게	활	억	마	저	스
관	원	가	렵	이	트	뽐	편	물	수	츠	휴	트	투
예	게	예	휴	그	리	편	킹	권	수	야	춤	냅	낚
식	가	도	캠	소	스	칼	서	게	사	심	그	농	킨
킹	킹	낚	킹	심	이	투	물	즐	핑	다	법	룻	재
심	봉	술	킹	핑	재	독	림	가	여	예	수	진	재
그	심	서	예	여	알	레	르	기	렵	캠	재	닭	구
농	물	춤	춤	수	가	기	봉	낚	기	투	예	약	예
이	매	운	물	편	춤	기	즐	관	스	스	핑	다	재
가	사	핑	투	투	마	낚	서	술	야	퍼	포	구	기
관	핑	포	퍼	농	즐	술	즐	메	뉴	고	원	권	이
투	포	퍼	즐	투	핑	츠	물	음	렵	기	뽐	구	편
퍼	포	뽐	물	임	마	심	식	식	림	임	다	킹	이

알레르기	메뉴
디저트	예약
음식	그릇
고기	냅킨
커피	소스
웨이트리스	매운
부엌	

18 - Geologie

기	하	구	재	투	퍼	녹	편	심	시	대	룩	렵	기
동	진	이	림	여	술	은	마	퍼	원	재	하	게	독
굴	권	공	공	구	렵	농	다	마	사	진	휴	동	휴
공	수	게	권	시	사	활	즐	도	물	관	투	이	그
관	포	재	야	심	사	림	권	퍼	포	식	핑	물	시
스	게	다	칼	숨	화	탄	용	그	독	가	낚	여	공
이	진	포	시	동	포	산	암	즐	휴	농	핑	관	기
퍼	석	순	술	독	렵	수	술	시	낚	퍼	렵	시	공
권	스	포	츠	물	스	편	림	핑	시	관	가	이	법
구	역	게	법	예	투	예	포	활	도	그	낚	술	하
시	권	법	고	석	영	킹	마	공	예	여	야	관	화
낚	투	임	산	원	소	금	농	돌	마	가	종	유	석
지	부	킹	편	호	간	헐	천	이	예	편	스	심	퍼
진	식	핑	즐	원	렵	공	츠	하	즐	하	시	기	가

지진
부식
화석
녹은
간헐천
동굴
칼슘
대륙
산호

용암
탄산수
고원
석영금
소석순
석종유석
종화산
화구역

19 - Wissenschaft

렵	즐	즐	술	심	공	기	휴	데	동	가	권	봉	기
원	마	봉	권	핑	임	스	후	이	재	설	원	자	하
진	핑	게	동	편	낚	수	임	터	편	관	가	게	스
편	재	야	봉	구	휴	관	중	하	재	구	다	구	활
식	재	독	림	캠	춤	물	력	관	술	그	즐	이	가
퍼	물	시	게	봉	마	리	유	술	림	킹	사	사	핑
활	핑	하	수	핑	편	학	기	활	방	재	낚	임	공
사	관	술	뿜	심	실	임	체	화	법	예	진	이	휴
마	사	춤	독	법	험	험	그	석	휴	시	수	퍼	가
진	서	화	입	독	실	마	식	봉	이	낚	그	야	공
원	법	학	자	식	포	게	츠	탄	임	렵	시	봉	공
수	가	뿜	예	술	과	그	산	원	술	스	진	그	
기	봉	뿜	야	공	학	술	사	수	봉	사	분	화	휴
포	심	춤	사	실	자	술	농	즐	렵	야	자	연	권

원자	탄산수
화학	분자
데이터	자연
진화	유기체
실험	입자
화석	식물
가설	물리학
기후	중력
실험실	사실
방법	과학자

20 - Bildende Kunst

봉	술	심	가	조	각	구	성	시	활	식	여	다	춤
진	그	림	게	휴	진	투	핑	펜	여	렵	츠	사	진
권	즐	독	스	휴	연	필	관	도	식	다	권	하	이
수	물	심	편	권	여	예	스	임	낚	즐	스	낚	원
도	도	관	활	게	법	스	뽐	텐	걸	작	퍼	포	구
퍼	뽐	편	기	퍼	즐	활	시	수	실	창	의	성	원
임	식	관	낚	동	술	렵	공	독	분	필	점	토	술
포	그	진	뽐	하	서	식	식	편	물	름	뽐	뽐	츠
화	건	여	휴	이	동	여	그	여	즐	뽐	포	다	핑
가	축	수	다	스	시	구	여	법	투	진	캠	공	핑
재	학	관	권	농	원	휴	야	술	림	낚	야	초	편
서	진	예	술	가	츠	림	임	림	게	숯	즐	상	바
진	재	농	서	관	농	밀	림	마	투	공	즐	화	니
활	편	술	임	점	임	예	랍	술	그	물	야	투	시

건축학 관점
연필 초상화
필름 스텐실
사진 조각
창의성 화가
분필 점토
예술가 밀랍
바니시 구성
걸작

21 - Sport

```
농 구 수 사 독 술 진 퍼 게 뽐 농 야 구 핑
뽐 코 치 동 포 뽐 관 낚 심 판 공 술 도 게
진 렵 시 농 심 가 기 권 마 임 마 술 춤 구
우 승 자 심 진 이 동 다 서 활 게 동 춤 하
츠 킹 기 마 포 다 가 사 공 스 렵 편 퍼 이
서 활 투 심 퍼 림 동 야 농 하 식 야 도 기
골 렵 시 심 수 동 뽐 법 낚 활 물 퍼 원 활
프 게 동 경 챔 도 동 낚 술 휴 원 서 캠 스
관 진 임 기 다 피 게 심 렵 서 투 야 츠 선
야 구 캠 장 운 동 언 임 농 편 자 동 심 수
활 휴 팀 림 활 법 독 십 사 그 스 전 포 스
하 키 체 조 임 술 하 렵 관 테 니 스 거 기
춤 림 투 물 사 그 식 뽐 독 독 렵 춤 춤 도
뽐 체 육 관 플 레 이 어 활 재 진 다 즐 독
```

선수	체조
야구	챔피언십
농구	심판
운동	게임
하키	플레이어
자전거	경기장
우승자	테니스
골프	코치
체육관	

22 - Mythologie

스	스	도	낚	다	재	물	킹	가	스	활	춤	가	포
킹	법	도	기	포	해	활	영	힘	질	기	포	권	공
뱀	심	마	캠	사	킹	심	기	웅	투	휴	야	권	진
기	구	핑	도	캠	시	술	심	퍼	뱀	하	동	임	전
춤	독	렵	관	캠	휴	이	미	천	국	츠	즐	물	사
행	재	괴	여	심	구	시	궁	둥	복	수	편	관	물
동	술	물	구	서	구	시	창	조	림	휴	번	권	공
임	림	여	활	공	가	스	원	술	캠	원	개	즐	뱀
뱀	독	농	물	하	원	술	하	편	권	킹	이	임	퍼
공	마	원	마	재	형	술	킹	캠	킹	활	임	편	이
마	다	림	뱀	진	심	공	여	원	활	여	투	서	관
춤	법	문	이	낚	봉	술	도	시	식	술	신	생	즐
킹	활	의	화	도	원	기	전	진	봉	마	사	물	마
동	술	불	사	기	예	기	포	림	춤	낚	츠		

원형
번개
천둥
질투
영웅
천국
재해
창조
생물

전사
문화
미궁
전설
마법의
괴물
복수
불사
행동

23 - Tools

봉	하	마	재	이	츠	케	마	진	봉	토	물	스	림
원	물	킹	권	시	수	독	이	망	치	치	밧	테	서
펜	치	가	예	핑	시	이	물	블	가	위	줄	이	시
춤	뿜	사	투	퍼	예	퍼	동	즐	게	재	츠	플	봉
가	수	법	포	관	물	농	구	하	도	수	법	하	시
퍼	킹	휴	도	게	수	도	서	포	시	포	식	여	림
사	기	서	심	여	야	원	낚	진	게	스	나	사	스
삽	호	마	이	야	림	휠	핑	물	사	구	다	독	농
공	사	치	림	법	독	휴	여	수	활	진	면	다	렵
가	다	기	키	렵	권	캠	관	농	마	서	도	끼	법
하	리	관	봉	스	봉	스	접	이	공	사	기	렵	그
림	독	즐	칼	술	스	농	시	착	가	독	원	게	임
포	낚	봉	원	게	공	심	캠	다	제	가	투	사	포
시	독	구	농	시	게	술	원	편	식	식	권	휴	예

도끼	사다리
토치	면도기
망치	가위
호치키스	나사
스테이플	밧줄
케이블	펜치
접착제	

24 - Restaurant #2

웨	봉	활	활	투	하	핑	물	게	도	물	렵	투	기
이	임	독	기	재	시	진	츠	렵	가	렵	뽐	게	하
터	서	식	사	농	음	료	포	서	물	식	휴	법	투
포	전	활	편	스	포	포	독	구	포	여	그	렵	구
예	봉	채	숟	케	이	크	술	기	농	시	물	킹	퍼
관	국	소	가	저	식	활	수	퍼	재	춤	고	진	술
법	츠	수	락	녁	향	신	료	여	시	뽐	기	농	시
춤	캠	마	프	식	재	물	봉	서	독	관	츠	이	예
원	도	소	금	사	법	림	물	과	일	포	술	도	활
도	춤	캠	그	킹	임	권	퍼	야	독	물	점	심	야
사	가	야	즐	마	임	그	동	이	투	봉	마	동	수
마	활	이	동	수	캠	포	시	의	핑	야	물	원	맛
공	진	재	동	가	샐	러	드	자	얼	음	춤	스	있
임	스	술	뽐	야	권	기	캠	핑	독	예	렵	그	는

저녁 식사
얼음
물고기
과일
포크
채소
음료
향신료
웨이터
맛있는

케이크
숟가락
점심
국수
샐러드
소금
의자
수프
전채

25 - Ökologie

예	서	임	동	다	물	퍼	마	봉	퍼	낚	초	츠	수
림	선	박	활	공	식	식	법	재	스	핑	목	식	렵
가	식	임	핑	공	독	생	마	술	서	수	림	서	활
임	임	물	뽐	츠	여	존	플	로	라	시	습	식	다
게	다	편	즐	핑	독	자	독	포	하	봉	지	지	양
캠	렵	가	게	동	권	츠	연	동	법	휴	기	후	성
관	법	재	이	캠	편	그	식	림	물	자	원	식	구
공	야	캠	진	기	도	수	뽐	편	마	군	렵	이	물
독	림	관	포	렵	투	지	속	가	능	한	산	가	커
하	렵	예	예	도	뽐	사	즐	심	하	마	농	품	뮤
춤	자	연	스	러	운	핑	관	즐	춤	킹	야	진	니
권	기	임	예	원	동	원	수	진	가	캠	즐	편	티
진	가	그	활	글	로	벌	식	권	권	게	심	권	심
구	진	시	게	도	동	사	핑	권	식	동	종	뽐	공

가뭄
동물군
플로라
커뮤니티
글로벌
기후
서식지
선박
지속 가능한

자연
자연스러운
식물
자원
습지
생존
초목
다양성

26 - Schokolade

가	투	예	봉	핑	레	심	좋	가	맛	관	카	야	권
휴	퍼	도	편	도	시	뽐	아	루	있	하	카	법	물
킹	캠	도	활	휴	피	춤	하	시	는	렵	오	구	여
재	원	야	항	산	화	제	는	뽐	기	봉	임	하	휴
권	칼	로	리	핑	렵	퍼	품	성	기	술	재	렵	물
술	권	다	사	야	법	수	질	분	코	하	공	여	게
투	술	독	가	캐	러	멜	구	예	즐	코	포	활	여
기	포	심	법	진	관	투	땅	콩	심	물	넛	사	권
이	국	적	인	재	휴	휴	권	여	관	관	관	수	렵
즐	식	캠	식	수	관	츠	식	법	구	농	렵	다	투
갈	예	술	야	이	낚	렵	야	퍼	핑	원	시	포	권
망	법	편	서	킹	설	가	달	즐	예	권	도	수	휴
원	다	예	기	농	가	탕	쓴	콤	동	장	물	식	식
포	츠	여	핑	게	투	여	동	독	한	인	재	림	여

항산화제   맛있는
땅콩   가루
이국적인   품질
좋아하는   레시피
장인   달콤한
카카오   갈망
칼로리   설탕
캐러멜   성분
코코넛

27 - Boote

기	파	구	서	가	원	투	뗏	공	이	물	예	퍼	범
식	도	편	낚	사	그	권	목	서	야	봉	술	예	선
게	독	춤	동	동	수	물	편	술	쁨	법	엔	진	구
심	구	가	가	구	농	투	독	다	임	심	독	사	수
렵	명	나	활	예	물	공	법	스	식	식	마	즐	활
수	정	룻	부	게	농	봉	포	활	마	동	강	임	법
식	농	배	표	캠	동	봉	농	스	관	독	가	이	스
즐	동	바	다	임	활	카	킹	도	스	식	공	야	닻
재	가	진	독	승	동	누	약	낚	요	식	대	양	심
심	게	심	도	무	봉	임	낚	심	도	서	야	농	심
재	게	독	가	원	법	구	림	스	독	사	시	여	심
야	공	림	물	호	도	야	쁨	다	수	이	구	휴	츠
재	밧	줄	돛	수	캠	술	게	렵	농	포	휴	도	진
식	도	시	대	공	술	림	즐	해	상	재	시	술	사

부표
승무원
나룻배
뗏목
카약
카누
돛대
바다
엔진

해상
대양
구명정
호수
범선
밧줄
파도
요트

28 - Stadt

구	식	츠	킹	진	도	퍼	이	시	퍼	권	가	휴	식
시	다	킹	박	경	서	휴	낚	도	장	림	낚	캠	킹
서	그	진	물	기	관	시	권	이	심	포	츠	스	여
호	텔	료	관	장	킹	다	동	야	낚	츠	편	식	마
킹	가	소	퍼	다	원	봉	서	진	휴	포	활	재	법
림	진	캠	극	수	공	기	관	구	스	도	퍼	하	여
약	국	게	장	대	권	편	림	이	뿜	봉	뿜	서	휴
스	캠	그	식	학	교	농	춤	림	재	도	플	점	활
스	즐	식	당	편	편	포	스	휴	재	은	로	사	진
여	사	활	독	재	동	물	원	진	식	행	리	영	화
낚	낚	슈	림	렵	다	츠	봉	공	식	활	스	식	시
갤	러	리	퍼	여	재	예	서	핑	항	스	트	진	즐
식	법	진	서	마	그	포	심	캠	하	편	동	포	공
그	봉	술	구	물	켓	가	즐	야	술	퍼	빵	집	스

약국   진료소
은행   시장
빵집   박물관
도서관   식당
플로리스트   학교
서점   경기장
공항   슈퍼마켓
갤러리   극장
호텔   대학
영화   동물원

29 - Aktivitäten

기	술	식	예	관	여	포	예	기	마	재	도	핑	법
농	독	서	예	사	물	활	예	게	동	심	봉	핑	봉
농	관	심	사	진	여	여	관	활	구	가	야	기	시
재	낚	시	림	술	물	가	그	봉	활	식	독	기	진
심	가	휴	식	하	이	킹	이	편	동	도	포	뿜	임
기	수	술	시	구	하	퍼	스	기	다	물	농	술	휴
츠	렵	야	이	투	여	그	뿜	다	수	가	심	봉	퍼
킹	뿜	동	수	농	캠	포	퍼	다	림	진	퍼	시	야
원	투	심	재	하	즐	투	뿜	기	심	춤	핑	술	이
공	예	기	뿜	활	활	편	캠	임	킹	공	재	도	진
렵	술	시	진	퍼	동	물	핑	법	야	식	도	마	츠
수	즐	킹	이	퍼	퍼	술	그	게	게	임	독	법	포
동	즐	원	야	원	킹	휴	포	편	즐	물	봉	림	진
법	재	재	예	휴	봉	게	그	휴	핑	물	식	킹	기

활동
낚시
캠핑
휴식
기술
사진술
여가
원예
관심사
수렵

예술
공예
독서
마법
재봉
게임
편물
기쁨
하이킹

30 - Bienen

생	태	계	그	공	떼	진	다	렵	야	농	사	편	과
재	림	캠	물	재	하	하	음	포	서	춤	임	가	일
공	휴	꿀	권	진	서	독	식	유	식	그	수	술	핑
그	정	연	츠	투	하	권	캠	익	지	밀	랍	술	원
서	원	기	관	화	이	투	하	한	킹	술	춤	임	활
포	태	진	원	분	예	림	편	이	휴	심	봉	시	다
하	다	양	성	쁨	수	퀸	진	재	브	렵	임	독	도
시	꽃	스	식	게	쁨	진	사	포	시	춤	편	렵	편
가	즐	독	물	휴	관	수	권	다	물	게	야	춤	츠
기	다	도	캠	독	시	분	투	관	물	공	스	활	관
진	법	춤	진	림	임	매	곤	충	관	스	그	식	권
기	포	편	심	임	날	개	원	야	킹	퍼	렵	동	술
수	봉	가	투	물	투	자	다	관	츠	독	관	식	편
스	츠	쁨	쁨	재	동	핑	임	공	사	포	휴	진	공

수분 매개자   생태계
하이브   식물
음식   화분
날개   연기
과일   태양
정원   다양성
곤충   유익한
서식지   밀랍

31 - Wissenschaftliche Disziplinen

이	도	그	원	고	도	식	물	학	식	포	도	킹	낚
가	편	농	시	고	편	심	재	캠	권	가	원	기	퍼
즐	천	동	물	학	임	뿜	수	시	핑	법	운	스	공
사	문	봉	서	게	심	농	편	뿜	게	그	활	동	심
역	학	야	생	스	언	식	독	캠	식	기	면	역	학
재	핑	서	기	화	어	뿜	사	열	역	학	츠	동	물
물	퍼	동	광	물	학	해	부	식	렵	관	동	공	물
임	화	학	다	포	술	킹	이	지	독	사	기	하	재
심	츠	술	공	이	구	캠	핑	퍼	질	회	낚	핑	재
법	구	다	게	법	법	임	캠	심	리	학	신	법	봉
뿜	원	생	태	학	스	식	식	낚	식	물	경	농	동
춤	핑	리	기	림	포	그	휴	츠	킹	킹	학	렵	권
관	편	학	여	권	기	도	휴	낚	심	게	하	림	임
렵	이	마	공	츠	이	임	원	생	물	학	캠	뿜	물

해부	언어학
고고학	역학
천문학	광물학
생화학	신경학
생물학	생태학
식물학	생리학
화학	심리학
지질학	사회학
면역학	열역학
운동학	동물학

32 - Vögel

올	퍼	심	마	서	술	구	도	휴	이	낚	퍼	핑	술
빼	렵	투	즐	이	임	독	포	임	예	휴	활	봉	법
미	예	게	진	림	서	법	수	부	야	츠	재	서	시
게	츠	수	법	재	춤	구	하	리	활	공	사	뺌	캠
여	진	예	진	가	활	농	관	새	독	시	가	즐	가
비	둘	기	백	플	라	밍	고	펠	시	그	뺌	식	시
스	기	식	조	참	새	여	편	리	야	수	물	권	포
서	봉	심	독	펭	권	계	그	컨	그	도	춤	사	이
심	식	재	봉	마	퍼	포	란	스	이	투	렵	기	임
권	림	활	하	활	춤	게	하	캠	핑	도	기	야	봉
재	공	권	도	사	임	거	가	갈	오	리	까	재	핑
뻐	포	투	권	휴	캠	위	가	매	낚	다	황	마	가
꾸	예	진	편	공	닭	공	그	기	앵	무	새	이	귀
기	도	다	시	활	렵	작	독	독	낚	기	헤	론	츠

독수리 펠리컨
계란 공작
오리 펭권
올빼미 헤론
플라밍고 백조
거위 참새
까마귀 황새
뻐꾸기 비둘기
갈매기 부리새
앵무새

33 - Garten

연	못	림	하	다	진	렵	독	게	임	림	법	뻠	마
츠	심	사	그	봉	렵	농	예	잡	마	핑	렵	휴	편
뻠	원	츠	핑	가	봉	캠	도	츠	초	공	춤	포	활
봉	마	정	하	게	다	퍼	농	편	재	뻠	림	재	림
과	수	원	킹	농	테	트	램	폴	린	술	춤	마	농
원	낚	독	여	렵	라	낚	도	서	술	편	활	해	먹
하	토	하	즐	재	스	차	도	법	사	스	이	핑	퍼
스	양	부	나	무	잔	디	고	다	진	킹	하	농	가
꽃	호	스	시	공	하	독	술	게	술	스	삽	예	동
농	캠	야	권	킹	활	재	심	이	도	식	재	마	다
포	물	원	사	시	포	츠	캠	야	낚	임	가	낚	이
뻠	갈	퀴	캠	도	현	관	권	사	관	구	원	낚	독
마	다	핑	게	활	낚	춤	독	술	하	츠	낚	투	시
뻠	하	낚	야	춤	서	서	봉	벤	치	스	울	타	리

벤치   갈퀴
나무   호스
토양   연못
부시   테라스
차고   트램폴린
정원   잡초
잔디   현관
해먹   울타리
과수원

34 - Antarktis

원	온	핑	림	이	예	이	시	임	원	그	게	포	야
게	도	야	재	반	활	진	시	수	정	이	독	즐	재
퍼	탄	마	농	도	빙	하	보	핑	독	서	그	투	편
임	산	날	씨	렵	조	렵	존	마	진	기	봉	권	킹
휴	수	휴	킹	물	류	뽐	구	여	퍼	서	농	도	츠
독	하	독	그	이	구	식	불	낚	게	가	가	다	임
편	뽐	츠	법	하	사	투	심	안	심	투	권	권	가
동	술	여	심	대	륙	투	봉	만	정	연	구	원	여
예	서	권	기	봉	임	즐	포	기	서	한	이	봉	하
식	핑	임	하	환	술	춤	과	바	여	여	주	마	예
가	킹	이	식	경	지	리	학	람	형	진	얼	봉	츠
낚	독	봉	마	퍼	마	공	적	즐	즐	임	독	음	캠
서	예	휴	뽐	춤	퍼	낚	사	봉	수	포	원	마	킹
관	기	사	퍼	츠	게	사	스	즐	농	농	킹	진	원

얼음	이주
보존	탄산수
원정	온도
불안정한	지형
연구원	환경
지리학	조류
빙하	날씨
반도	바람
대륙	과학적

35 - Fahren

야	이	농	퍼	터	사	고	주	이	수	예	하	기	스
투	진	농	서	널	서	낚	의	시	관	뻠	봉	사	핑
교	도	활	법	야	임	공	하	권	여	마	캠	공	기
편	통	스	투	특	허	시	휴	스	속	도	차	수	봉
편	캠	술	포	마	즐	임	지	예	퍼	휴	춤	츠	봉
안	전	게	구	춤	차	사	예	도	다	퍼	관	물
그	봉	도	이	렵	고	게	시	야	투	핑	하	퍼	투
모	터	농	동	독	편	동	포	재	휴	야	가	스	원
봉	임	연	보	행	자	농	봉	식	뻠	포	렵	공	캠
트	럭	진	료	캠	오	캠	사	심	야	브	레	이	크
위	험	야	가	츠	토	시	재	그	법	농	임	관	심
그	투	스	림	독	바	퍼	그	이	핑	편	사	사	원
공	서	공	술	심	이	버	스	경	츠	다	이	캠	춤
권	킹	야	즐	물	하	즐	다	찰	림	심	원	킹	심

브레이크　　　　　　트럭
연료　　　　　　　　모터
버스　　　　　　　　오토바이
보행자　　　　　　　경찰
차고　　　　　　　　안전
가스　　　　　　　　터널
위험　　　　　　　　사고
속도　　　　　　　　교통
지도　　　　　　　　주의
특허

36 - Bücher

여	이	그	서	면	식	서	핑	공	렵	공	임	리	더
림	야	진	공	법	법	이	츠	식	독	림	게	저	물
문	기	소	설	렵	동	킹	퍼	공	공	즐	심	자	시
학	문	맥	식	예	시	야	재	츠	봉	농	휴	춤	킹
퍼	시	독	모	물	뽐	야	활	농	재	사	포	사	핑
식	투	관	예	험	법	여	핑	권	활	뽐	서	물	여
심	원	서	련	뽐	가	농	동	서	림	원	재	그	원
페	이	지	기	발	림	뽐	역	사	적	인	미	식	예
게	구	다	농	명	즐	예	예	시	스	휴	있	이	여
퍼	시	킹	활	물	하	다	하	리	기	이	는	하	킹
여	스	내	레	이	터	포	스	즈	임	독	가	권	봉
이	포	봉	휴	휴	법	식	이	중	성	수	집	하	춤
구	야	게	여	렵	관	권	그	봉	관	림	심	춤	스
농	진	법	예	스	이	야	예	하	비	참	한	수	퍼

모험
저자
이중성
서사시
발명
내레이터
이야기
서면
역사적인
재미있는

수집
문맥
리더
문학
관련
소설
페이지
시리즈
비참한

37 - Menschlicher Körper

야	이	여	무	그	관	권	츠	손	그	봉	핑	서	이
물	그	피	릎	술	뇌	물	퍼	시	가	수	물	림	공
가	권	야	독	춤	예	즐	마	이	임	락	하	포	관
야	법	핑	활	뿜	마	렵	편	도	즐	포	술	츠	퍼
임	낚	그	수	투	투	휴	재	법	퍼	뿜	봉	식	포
이	식	마	동	술	목	낚	서	얼	어	혀	턱	구	진
시	즐	농	게	독	사	원	동	굴	깨	위	예	하	편
물	렵	입	휴	야	귀	킹	야	기	도	다	사	렵	포
팔	꿈	치	서	가	공	킹	시	스	활	독	코	권	수
림	렵	뿜	발	동	휴	동	심	이	기	그	법	렵	사
권	동	술	독	목	서	법	기	구	시	포	스	게	독
진	도	캠	게	예	림	여	예	식	심	원	하	심	장
공	다	술	피	독	손	독	식	봉	수	관	도	낚	이
머	리	진	부	예	하	낚	수	사	관	마	봉	봉	캠

다리   심장
팔꿈치   무릎
손가락   발목
얼굴   머리
피부   어깨

38 - Klettern

하	물	다	츠	뺌	술	편	독	가	지	사	기	임	림
이	포	권	낚	낚	투	퍼	농	킹	형	시	임	공	시
킹	도	활	사	야	투	술	활	사	고	힘	동	투	춤
편	낚	심	렵	마	원	다	좁	은	도	동	굴	헬	원
사	츠	진	뺌	활	재	기	진	공	도	진	동	임	멧
츠	즐	림	술	활	봉	법	재	기	봉	그	츠	봉	휴
다	진	킹	전	문	가	사	핑	시	투	독	킹	분	마
관	사	도	수	동	츠	이	킹	장	안	정	성	위	편
지	도	권	구	그	가	스	드	갑	서	마	호	기	심
편	여	여	식	캠	동	식	시	캠	기	활	봉	퍼	법
스	하	춤	관	핑	임	진	서	시	식	휴	가	예	농
구	시	마	식	림	구	기	서	가	권	하	여	진	게
동	즐	부	츠	훈	동	핑	뺌	구	예	기	심	예	식
마	농	상	독	련	하	즐	동	그	농	포	이	츠	공

분위기
훈련
전문가
가이드
지형
장갑
헬멧
고도

동굴
지도
호기심
좁은
안정성
부츠
부상
하이킹

39 - Landschaften

사	동	림	구	활	가	산	마	렵	동	언	림	즐	권
간	헐	천	진	스	구	렵	독	물	도	덕	츠	법	법
도	호	수	서	바	독	예	즐	재	즐	권	예	해	사
독	권	권	봉	서	다	스	독	물	이	포	캠	캠	변
임	다	재	예	봉	캠	수	사	늪	심	봉	마	야	농
섬	스	게	구	재	서	퍼	핑	여	이	강	임	기	야
예	반	도	술	츠	서	뽐	진	빙	산	즐	여	캠	마
독	킹	림	투	기	골	짜	기	하	오	기	즐	활	야
물	핑	츠	구	기	봉	뽐	그	낚	아	투	진	농	휴
춤	임	독	물	물	퍼	사	서	임	시	만	동	토	대
봉	사	야	킹	가	진	막	게	휴	스	동	굴	물	식
하	렵	시	봉	임	화	즐	원	농	활	동	마	가	여
폭	포	림	권	낚	산	렵	하	시	시	동	이	퍼	기
뽐	다	진	공	임	편	봉	춤	법	봉	퍼	사	권	사

빙산
간헐천
빙하
반도
동굴
언덕
바다
오아시스

호수
해변
골짜기
동토대
화산
폭포
사막

40 - Abenteuer

즐	킹	편	하	편	법	투	농	다	식	가	관	봉	법
목	적	지	그	여	핑	용	감	가	포	봉	수	스	진
림	이	여	관	물	임	쁨	진	포	재	권	낚	킹	원
렵	가	휴	퍼	렵	스	여	투	새	공	즐	츠	구	쁨
마	식	캠	킹	동	츠	어	독	로	츠	투	권	춤	법
즐	수	소	시	기	림	려	포	운	관	활	임	임	독
활	열	풍	도	공	다	움	활	항	해	동	친	구	공
위	광	진	낚	재	가	안	법	진	춤	스	봉	자	가
험	구	이	진	놀	관	심	전	아	름	다	움	연	법
한	일	준	술	라	춤	쁨	마	하	수	림	스	마	퍼
사	정	재	비	운	기	휴	권	시	캠	츠	진	이	봉
춤	쁨	다	예	낚	회	쁨	렵	봉	특	이	한	도	권
핑	쁨	포	수	가	가	투	수	가	포	원	술	투	다
츠	낚	렵	핑	포	킹	츠	편	다	도	진	관	권	낚

활동
소풍
열광
기회
기쁨
친구
위험한
자연
항해
새로운

일정
아름다움
어려움
안전
용감
특이한
놀라운
준비
목적지

41 - Flugzeuge

프	농	모	조	농	활	이	렵	식	하	심	휴	킹	다
공	로	험	종	도	여	퍼	권	여	재	춤	가	진	캠
역	휴	펠	사	승	기	동	핑	사	게	농	렵	독	하
사	림	퍼	러	객	농	킹	진	설	투	퍼	술	캠	스
예	독	이	봉	여	춤	퍼	연	계	편	가	관	포	농
날	씨	활	츠	시	심	원	료	풍	하	고	렵	캠	여
사	술	독	그	편	법	렵	렵	마	선	도	공	법	물
휴	농	수	캠	수	게	진	원	그	마	포	수	편	건
뿜	뿜	소	캠	예	시	독	심	하	다	관	독	도	설
림	하	캠	기	킹	핑	다	임	킹	여	원	권	춤	분
캠	동	퍼	도	마	권	그	이	이	구	식	여	원	위
하	늘	낚	재	서	하	여	심	임	난	권	휴	공	기
강	권	그	기	원	물	포	예	공	낚	기	사	예	투
탐	색	공	퍼	승	무	원	서	낚	여	사	류	엔	진

모험   건설
하강   공기
분위기   엔진
풍선   탐색
연료   승객
승무원   조종사
설계   프로펠러
역사   난기류
하늘   수소
고도   날씨

42 - Haartypen

퍼	심	야	다	갈	회	물	스	서	원	사	가	시	이
대	진	핑	낚	권	색	동	렵	야	편	물	원	활	술
머	리	띠	봉	춤	예	매	식	술	다	휴	임	블	랙
리	예	심	다	가	이	그	끄	권	포	원	임	캠	림
퍼	렵	원	림	야	휴	부	드	러	운	시	진	다	핑
도	편	심	이	시	이	서	두	꺼	운	권	기	사	서
투	시	게	핑	즐	빛	나	는	뽐	마	가	사	캠	낚
게	시	편	권	물	구	법	곱	슬	츠	른	포	봉	춤
원	동	킹	림	예	활	관	뽐	공	이	진	기	스	독
춤	캠	가	시	도	독	시	권	야	츠	임	권	렵	긴
서	심	시	도	식	술	진	하	꼰	서	춤	야	마	진
뽐	예	식	구	야	술	림	얀	술	임	이	포	동	짧
금	발	즐	식	예	투	이	춤	물	렵	춤	퍼	얇	은
뽐	원	농	게	스	동	원	다	활	건	강	한	춤	다

금발   대머리
갈색   짧은
두꺼운   곱슬
얇은   블랙
건강한   마른
매끄러운   부드러운
빛나는   하얀
회색   머리띠

43 - Essen #1

식	진	마	늘	다	레	계	식	진	물	식	편	진	동
스	림	다	즐	야	몬	즐	피	수	야	관	휴	시	기
농	수	투	커	피	활	다	식	동	게	뿜	참	금	편
재	렵	하	도	야	사	게	하	이	포	게	수	치	권
시	재	고	법	봉	도	마	이	핑	춤	낚	프	도	사
스	하	동	기	휴	진	퍼	휴	게	권	술	동	임	서
술	다	이	당	근	공	기	핑	순	야	편	다	공	낚
가	시	즐	법	샐	러	드	농	무	림	하	술	원	포
원	기	관	물	퍼	바	기	예	설	탕	다	다	진	식
킹	핑	가	마	다	질	권	법	예	게	주	다	스	춤
포	하	사	땅	배	투	게	이	관	수	스	사	투	야
렵	우	유	콩	관	구	퍼	양	권	물	식	물	다	법
사	낚	예	게	활	권	술	파	휴	마	캠	츠	사	소
여	법	시	하	뿜	딸	기	구	즐	술	하	렵	렵	금

바질　　　　　　　　　　샐러드
딸기　　　　　　　　　　소금
땅콩　　　　　　　　　　시금치
고기　　　　　　　　　　수프
커피　　　　　　　　　　참치
당근　　　　　　　　　　계피
마늘　　　　　　　　　　레몬
우유　　　　　　　　　　설탕
순무　　　　　　　　　　양파
주스

44 - Gebäude

텐	트	물	독	포	야	탑	사	투	식	권	마	투	퍼
킹	사	휴	하	봉	투	시	낚	춤	구	관	킹	진	포
기	공	서	전	서	심	츠	병	원	가	술	기	츠	렵
포	킹	권	망	권	심	하	게	관	구	동	기	림	활
렵	핑	슈	대	다	스	츠	진	도	심	하	동	재	스
동	게	퍼	공	도	낚	호	캐	빈	독	식	경	야	농
투	뻠	마	원	게	휴	뻠	텔	춤	권	박	즐	기	농
봉	공	켓	다	림	독	관	킹	차	고	물	츠	극	장
헛	장	퍼	휴	동	재	권	림	이	낚	관	호	스	텔
예	간	영	대	사	관	렵	핑	도	하	서	수	츠	퍼
도	심	화	학	실	험	실	편	휴	술	예	권	농	편
진	게	재	교	하	킹	스	스	임	마	권	휴	예	투
심	관	핑	도	사	림	핑	즐	권	가	공	구	술	다
야	공	캠	뻠	도	포	법	다	핑	관	포	동	임	하

농장
대사관
공장
차고
호스텔
호텔
캐빈
영화
병원
실험실

박물관
전망대
헛간
학교
경기장
슈퍼마켓
극장
대학
텐트

45 - Angeln

여	동	농	봉	훅	독	수	핑	임	마	과	장	농	여
게	킹	예	장	게	술	포	봉	물	포	관	투	포	다
다	투	공	구	비	도	식	저	울	철	사	물	기	춤
미	끼	심	진	구	서	포	임	서	즐	구	법	인	킹
예	기	예	턱	기	도	다	독	게	여	도	수	내	시
가	시	권	봉	서	시	낚	공	서	킹	수	봉	독	게
여	식	술	도	식	농	스	퍼	휴	렵	야	수	캠	구
심	지	림	춤	핑	핑	사	편	그	바	구	사	다	가
서	사	느	진	재	킹	이	농	츠	법	구	농	진	심
킹	무	심	러	렵	봉	물	진	강	농	사	니	춤	하
서	게	아	가	미	낚	춤	원	휴	이	식	농	츠	게
예	이	시	편	배	호	핑	권	동	대	술	사	낚	심
여	투	식	해	계	수	휴	즐	캠	양	술	예	킹	가
진	수	여	변	절	즐	편	기	캠	그	쁨	도	진	핑

장비   바구니
철사   미끼
지느러미   대양
인내   호수
무게   해변
계절   과장
아가미   저울

46 - Regenwald

낚	심	사	원	사	예	핑	야	츠	술	예	구	하	스
관	재	예	서	낚	이	재	낚	식	뿜	퍼	그	이	다
원	권	예	휴	핑	술	구	예	동	스	뿜	동	끼	킹
밀	림	도	포	농	공	커	뮤	니	티	캠	구	종	그
독	스	진	법	퍼	가	도	심	재	활	다	름	기	식
림	츠	공	봉	농	식	포	동	이	관	독	양	수	투
자	존	중	물	즐	츠	게	생	권	임	기	진	성	공
스	연	낚	뿜	사	편	하	존	투	임	예	예	사	캠
핑	낚	귀	중	한	시	하	구	기	낚	하	동	하	렵
예	원	림	피	난	게	재	양	임	후	낚	포	식	다
시	물	동	권	춤	마	수	서	진	캠	캠	하	진	농
구	조	심	마	즐	포	유	류	권	캠	핑	관	그	츠
가	류	캠	사	포	식	물	게	여	서	핑	하	수	편
츠	기	공	임	예	심	스	즐	투	게	도	마	곤	충

양서류	존중
식물	포유류
밀림	생존
커뮤니티	다양성
곤충	조류
기후	귀중한
이끼	구름
자연	피난

47 - Essen #2

재	츠	야	사	림	동	요	거	트	관	핑	봉	캠	빵
바	나	나	휴	야	쌀	야	뽐	기	가	편	춤	술	식
퍼	권	술	춤	아	스	파	라	거	스	버	퍼	츠	권
낚	수	권	낚	몬	즐	구	물	사	과	섯	퍼	활	사
독	식	임	기	드	법	게	스	고	도	야	렵	술	구
봉	춤	렵	즐	즐	동	물	스	하	기	서	서	독	도
시	휴	포	야	캠	투	임	기	임	식	퍼	농	투	체
원	햄	여	공	마	하	킹	하	동	렵	브	로	콜	리
낚	술	가	활	야	임	낚	춤	다	동	법	그	수	여
다	게	포	심	심	하	진	관	즐	식	셀	독	재	투
독	식	토	마	토	여	편	가	물	핑	스	러	림	계
원	심	아	티	초	크	밀	지	캠	핑	다	치	리	란
여	핑	재	뽐	콜	심	편	구	활	춤	이	즈	사	농
츠	휴	식	재	릿	농	서	이	예	원	물	심	법	술

사과	치즈
아티초크	체리
가지	아몬드
바나나	버섯
브로콜리	초콜릿
계란	셀러리
물고기	아스파라거스
요거트	토마토

48 - Familie

캠	임	이	모	성	권	아	그	예	권	다	도	자	권
진	동	농	재	구	권	킹	내	퍼	편	물	이	매	스
서	재	사	야	킹	포	아	버	지	게	임	진	기	형
할	도	물	그	공	심	관	선	조	카	동	다	재	농
권	아	츠	농	봉	농	낚	관	즐	봉	다	투	동	심
진	수	버	물	할	법	퍼	봉	예	재	츠	관	권	권
여	임	재	지	머	림	권	뿜	조	카	딸	편	퍼	관
야	츠	츠	술	니	권	춤	가	마	사	진	퍼	캠	핑
투	봉	권	스	렵	시	퍼	춤	도	마	투	포	물	농
림	아	이	공	츠	수	법	관	동	즐	물	진	구	독
퍼	삼	기	어	린	시	절	하	물	식	이	야	사	하
사	촌	다	술	머	공	킹	원	다	게	봉	관	야	식
가	게	손	자	구	니	심	남	편	부	그	하	공	퍼
캠	하	렵	관	구	기	마	캠	야	계	기	서	즐	권

아내	조카
남편	조카딸
손자	삼촌
할머니	자매
할아버지	이모
아이	아버지
어린 시절	부계
어머니	사촌
모성	선조

49 - Pflanzen

식	여	츠	림	물	포	투	동	휴	휴	기	투	스	동
포	스	예	하	츠	도	구	아	재	퍼	도	춤	물	스
임	포	여	츠	핑	낚	뽐	이	끼	태	활	춤	심	퍼
게	동	물	정	즐	부	낚	비	초	목	양	식	동	관
진	임	휴	식	원	시	예	심	즐	숲	봉	서	다	봉
식	사	활	동	잔	서	낚	하	야	림	재	낚	활	독
물	편	핑	포	디	뽐	임	술	야	핑	대	나	무	재
포	진	가	핑	관	여	관	관	농	잎	동	무	수	술
하	게	활	독	마	구	야	물	꽃	플	림	편	임	동
킹	퍼	수	스	춤	마	관	구	독	로	기	춤	편	원
선	인	장	도	야	사	시	사	원	라	다	관	포	낚
식	물	학	포	포	베	농	독	독	활	기	게	편	콩
관	물	비	식	독	춤	리	뿌	리	그	임	사	뽐	편
꽃	잎	료	구	뽐	캠	림	여	사	활	여	원	춤	낚

대나무	플로라
나무	정원
베리	잔디
꽃잎	선인장
식물학	이끼
부시	태양
비료	초목
아이비	뿌리

50 - Kunst

```
가 수 츠 핑 조 각 하 낚 즐 물 춤 그 관 스
초 동 농 여 법 포 도 공 공 야 서 핑 휴 공
야 현 이 그 구 기 여 다 동 스 심 기 분 구
이 휴 실 심 마 렵 공 기 편 법 진 여 식 구
복 잡 한 주 식 이 핑 서 농 킹 수 세 식 원
간 단 한 제 의 예 농 관 츠 공 법 마 라 시
핑 구 관 재 시 법 그 원 도 즐 기 식 휴 믹
회 성 예 뽐 임 그 편 심 재 기 그 서 핑 독
마 화 기 퍼 시 스 활 뽐 임 술 예 관 춤 재
영 감 하 관 게 캠 다 캠 킹 상 징 시 법 진
뽐 술 츠 관 권 여 수 구 투 수 킹 각 핑 즐
구 야 핑 하 즐 다 그 춤 활 정 직 한 이 도
식 춤 활 진 림 그 즐 원 본 휴 낚 농 다 캠
킹 물 캠 낚 야 즐 공 동 포 개 인 독 진 여
```

정직한	개인
간단한	조각
주제	기분
회화	초현실주의
영감	상징
세라믹	시각
복잡한	구성
원본	

51 - Gewürze

캠	이	권	게	바	사	즐	그	농	포	독	도	마	늘
기	낚	하	하	닐	감	초	맛	계	피	시	심	즐	편
기	시	이	림	라	식	투	원	봉	재	동	활	임	카
물	기	진	독	낚	수	사	공	스	다	활	생	사	르
식	공	킹	기	킹	핑	야	법	렵	동	구	게	강	다
식	서	시	임	춤	츠	식	야	스	가	기	다	진	몸
그	도	츠	소	투	림	진	쁨	낚	야	회	달	봉	쁨
퍼	술	마	금	양	파	사	후	추	독	향	콤	공	가
츠	사	커	독	관	권	프	물	춤	시	투	한	정	향
권	임	민	아	예	진	란	리	하	가	킹	캠	휴	다
동	그	식	편	니	하	동	츠	카	레	구	법	림	그
관	캠	식	수	술	스	임	하	게	술	기	독	재	쓴
술	쁨	사	캠	킹	법	낚	렵	림	휴	서	도	권	예
투	편	렵	핑	육	두	구	법	술	술	사	림	낚	렵

아니스   정향
카레   파프리카
회향   후추
생강   사프란
카르다몸   소금
마늘   달콤한
커민   바닐라
감초   계피
육두구   양파

52 - Gemüse

진	핑	킹	수	심	춤	스	투	여	가	술	당	동	물
브	로	콜	리	구	뻠	츠	진	술	낚	지	근	독	진
춤	콜	낚	버	포	킹	휴	게	술	이	완	두	콩	다
츠	편	리	섯	봉	캠	순	독	다	양	파	슬	리	기
츠	권	츠	플	퍼	킹	무	림	시	올	리	브	퍼	예
킹	하	셀	관	라	그	물	서	금	렵	감	농	재	권
게	샐	러	드	사	워	임	다	치	림	자	시	법	그
투	술	리	시	임	사	시	퍼	임	서	뻠	이	캠	하
진	가	토	서	활	가	포	핑	스	하	마	마	가	동
예	마	림	마	사	츠	심	오	이	아	즐	늘	공	식
진	호	박	캠	토	농	도	츠	낚	티	츠	게	다	즐
기	휴	즐	생	술	구	가	다	도	초	렵	여	서	즐
예	즐	시	강	이	즐	예	스	츠	크	하	술	구	가
다	물	봉	농	술	퍼	시	술	이	봉	츠	이	사	야

아티초크 호박
가지 올리브
콜리플라워 파슬리
브로콜리 버섯
완두콩 순무
오이 샐러드
생강 셀러리
당근 시금치
감자 토마토
마늘 양파

53 - Tanzen

농	포	재	원	식	하	동	이	파	활	리	안	무	기
술	스	구	활	서	렵	권	킹	다	트	듬	권	낚	츠
하	봉	구	편	활	여	사	권	구	임	너	마	투	춤
법	킹	수	도	편	그	독	시	퍼	캠	관	포	렵	농
진	사	예	이	자	세	구	렵	임	핑	진	투	시	각
렵	렵	원	술	그	츠	캠	서	심	수	즐	음	농	츠
시	학	원	동	기	임	림	사	물	퍼	거	악	나	진
휴	법	진	뽐	그	스	법	술	문	화	운	고	타	킹
춤	휴	몸	도	농	수	투	휴	시	활	동	전	내	포
공	권	퍼	동	구	가	서	그	재	핑	은	렵	는	권
식	심	다	임	봉	휴	진	다	캠	마	혜	예	핑	낚
시	재	하	전	즐	뽐	가	관	사	술	법	뽐	도	감
마	퍼	낚	스	통	하	휴	그	투	게	다	즐	권	정
예	춤	다	진	활	적	재	기	스	리	허	설	진	츠

학원	문화
은혜	예술
나타내는	음악
운동	파트너
안무	리허설
감정	리듬
즐거운	전통적
자세	시각
고전	

54 - Ernährung

렵	권	시	시	칼	로	리	즐	품	휴	휴	동	권	가
다	이	어	트	츠	야	물	소	림	질	발	하	츠	술
킹	다	관	야	농	탄	수	화	물	그	효	편	야	재
균	가	림	퍼	건	강	한	공	킹	게	독	캠	즐	농
형	뽐	독	캠	춤	예	사	사	렵	독	림	그	구	독
잡	하	서	캠	야	야	공	영	양	소	원	사	식	용
힌	심	휴	이	야	하	낚	렵	봉	시	퍼	낚	욕	사
츠	렵	임	야	원	단	스	하	가	법	게	포	비	렵
야	식	킹	농	핑	편	백	킹	진	재	하	법	타	야
소	사	시	리	얼	춤	야	질	농	캠	진	춤	민	구
관	스	마	스	구	마	낚	기	캠	츠	건	쓴	휴	야
시	야	권	활	가	맛	무	게	츠	편	강	서	휴	렵
진	술	술	봉	수	가	예	농	수	편	농	캠	권	투
심	권	심	사	구	재	원	독	캠	심	렵	다	여	춤

식욕	칼로리
균형 잡힌	탄수화물
다이어트	영양소
식용	단백질
발효	품질
건강한	소스
건강	독소
시리얼	소화
무게	비타민

55 - Technologie

진	이	수	공	법	물	동	봉	도	공	그	서	구	시
예	렵	독	물	편	핑	여	여	법	포	츠	게	관	그
낚	뼘	카	사	브	여	춤	휴	기	물	다	휴	림	여
낚	뼘	메	시	지	라	낚	연	구	블	다	게	법	림
하	도	라	킹	킹	식	우	시	그	로	도	공	휴	여
원	수	핑	가	뼘	편	서	저	핑	그	진	춤	가	림
뼘	관	투	디	지	털	야	권	구	봉	이	그	뼘	상
렵	기	예	물	포	렵	뼘	이	소	프	트	웨	어	술
뼘	가	독	법	마	임	사	퍼	다	보	바	이	러	스
휴	하	인	공	농	사	즐	편	권	안	렵	야	임	기
컴	퓨	터	이	포	시	봉	야	파	즐	권	동	커	서
재	데	넷	글	핑	핑	재	투	마	일	통	계	화	면
바	이	트	꼴	핑	권	스	여	뼘	그	임	봉	법	이
법	터	사	게	편	동	구	활	식	핑	투	관	기	마

화면
블로그
브라우저
바이트
컴퓨터
커서
파일
데이터
디지털
연구

인터넷
카메라
메시지
글꼴
보안
소프트웨어
통계
가상
바이러스

56 - Wasser

강	파	대	그	투	수	분	캠	재	춤	이	투	퍼	재
재	도	양	기	도	권	농	물	핑	농	퍼	여	임	마
시	야	다	독	얼	시	그	핑	스	킹	관	술	시	그
허	활	시	구	비	음	법	기	마	공	봉	즐	마	즐
리	림	도	투	포	낚	츠	야	진	스	림	관	핑	캠
케	도	권	휴	야	스	가	편	활	야	사	구	원	낚
인	눈	사	캠	증	투	도	운	하	즐	가	심	킹	춤
도	간	헐	천	기	림	임	퍼	편	여	활	렵	투	뽐
예	포	편	증	발	퍼	식	임	투	게	도	퍼	퍼	즐
핑	진	활	여	샤	포	기	휴	관	츠	츠	즐	휴	우
농	츠	낚	퍼	워	낚	캠	권	활	개	법	편	서	기
하	공	킹	투	호	홍	심	게	츠	독	이	킹	리	뽐
여	사	마	뽐	뽐	수	투	기	심	술	도	식	편	예
가	봉	진	림	봉	춤	공	뽐	공	원	봉	여	즐	가

관개　　　　　　　　　허리케인
증기　　　　　　　　　운하
샤워　　　　　　　　　우기
얼음　　　　　　　　　대양
수분　　　　　　　　　호수
홍수　　　　　　　　　증발
서리　　　　　　　　　파도
간헐천

57 - Science Fiction

영	화	심	상	하	야	서	환	행	공	즐	활	농	오
화	학	로	상	시	캠	츠	상	성	츠	도	관	물	라
게	물	봇	의	마	관	휴	심	렵	서	다	퍼	봉	클
미	질	포	관	책	핑	사	원	환	디	스	토	피	아
래	핑	봉	임	독	퍼	캠	식	상	마	사	투	권	예
다	게	여	이	야	여	여	여	적	관	식	포	편	시
쁨	이	게	구	유	토	피	아	인	하	수	권	법	농
다	핑	기	심	기	즐	심	물	다	권	재	불	물	원
휴	재	게	법	투	술	야	신	술	농	야	이	권	재
마	동	휴	림	폭	발	술	비	공	은	쁨	활	진	캠
게	사	쁨	가	식	핑	동	한	관	봉	하	핑	다	권
구	가	활	심	킹	편	렵	진	세	계	캠	독	공	스
야	퍼	쁨	츠	심	먼	봉	공	편	퍼	대	본	즐	림
재	츠	여	예	법	야	마	여	츠	봉	림	예	하	림

화학 물질	영화
디스토피아	오라클
폭발	행성
환상적인	로봇
미래	대본
은하	기술
신비한	유토피아
환상	세계
상상의	

58 - Haustiere

구	재	사	진	수	여	그	활	재	즐	물	앵	무	새
기	스	다	활	렵	의	기	츠	법	츠	고	토	염	술
사	렵	렵	마	춤	휴	사	개	기	술	기	끼	소	법
발	거	북	이	휴	진	법	뱀	심	캠	구	렵	휴	시
봉	톱	사	사	관	림	농	가	관	구	캠	물	하	춤
원	수	농	봉	그	하	원	포	포	농	가	동	도	꼬
도	마	뱀	도	시	술	투	편	이	공	수	캠	게	리
활	투	식	칼	진	퍼	관	서	림	핑	여	물	하	킹
물	원	관	라	핑	마	렵	투	여	구	수	가	스	이
휴	권	술	낚	춤	봉	게	예	농	스	식	즐	림	여
예	햄	스	터	고	관	편	그	기	스	츠	춤	독	핑
쥐	게	술	다	양	도	휴	도	기	이	휴	관	기	식
권	야	수	기	이	핑	시	법	사	진	관	농	음	식
야	포	도	가	강	아	지	재	포	활	편	술	임	법

도마뱀	발톱
음식	앵무새
물고기	거북이
햄스터	꼬리
토끼	수의사
고양이	강아지
칼라	염소

59 - Geburtstag

킹	즐	투	다	사	원	파	츠	공	법	지	혜	게	법
렵	거	다	하	년	춤	티	도	다	태	핑	노	래	다
관	운	술	휴	즐	독	법	독	사	농	어	마	핑	마
권	봉	여	그	선	편	독	투	활	하	린	난	스	동
도	구	물	야	스	물	물	양	핑	춤	낚	휴	스	퍼
카	드	농	농	술	원	물	초	대	장	독	포	농	기
여	즐	림	법	법	서	독	심	활	핑	독	그	진	쁨
시	각	재	하	기	츠	권	츠	관	야	휴	공	춤	법
술	봉	친	물	마	이	편	야	사	기	게	츠	관	킹
독	관	구	식	일	춤	퍼	예	공	렵	이	스	다	스
달	력	축	포	야	핑	원	림	권	케	이	크	물	심
다	예	하	야	농	마	특	재	행	이	퍼	시	활	림
심	하	그	임	마	술	휴	별	복	핑	재	미	활	동
낚	수	다	여	퍼	물	법	봉	한	춤	핑	하	사	투

초대장   카드
축하   양초
즐거운   케이크
친구   노래
태어난   파티
선물   재미
행복한   특별한
어린   지혜
달력   시각

60 - Literatur

핑	수	법	서	여	농	낚	도	이	관	즐	공	하	림
마	원	캠	진	그	킹	포	임	수	활	법	휴	농	편
법	그	스	관	춤	농	스	물	다	임	도	술	시	권
뿜	봉	소	설	마	휴	편	스	예	재	하	독	스	법
주	전	퍼	시	적	마	스	다	내	법	시	서	활	서
제	그	기	휴	법	수	다	수	레	휴	핑	하	봉	가
농	렵	게	사	봉	원	도	구	이	봉	뿜	하	스	활
스	여	편	다	분	물	스	여	터	동	렵	술	임	도
핑	다	편	물	가	석	타	관	서	활	구	수	진	수
이	편	시	하	예	봉	일	시	도	하	구	운	유	추
마	마	마	설	리	듬	대	일	야	휴	술	재	식	공
수	결	론	명	공	예	렵	화	스	스	뿜	편	물	은
구	하	구	즐	원	춤	공	림	하	시	장	농	그	유
사	비	교	공	봉	춤	저	자	비	극	르	여	구	농

유추	은유
분석	시적
일화	리듬
저자	소설
설명	결론
전기	스타일
대화	주제
내레이터	비극
장르	비교

61 - Wandern

츠	그	수	서	준	비	활	돌	산	서	림	구	구	여
봉	기	낚	진	농	마	봉	물	독	독	마	활	가	스
진	봉	림	투	동	캠	예	기	다	관	시	동	낚	스
마	진	렵	투	식	재	수	날	씨	농	재	재	진	낚
식	수	야	다	봉	포	부	핑	가	춤	게	낚	진	동
야	츠	관	낚	기	기	츠	재	심	야	수	투	권	물
예	관	그	원	즐	후	마	뻠	동	식	심	포	하	식
휴	다	림	렵	투	퍼	즐	킹	편	휴	피	핑	구	편
무	거	운	낭	떠	러	지	도	춤	킹	곤	다	사	즐
스	재	심	식	기	하	캠	술	자	심	한	가	이	드
다	가	낚	심	태	양	게	핑	야	연	동	술	진	편
정	기	임	캠	구	퍼	이	기	생	즐	술	여	서	렵
위	험	원	관	렵	동	관	즐	활	여	심	투	밋	관
이	서	진	즐	게	공	캠	그	캠	이	스	독	퍼	휴

캠핑   정위
가이드   무거운
위험   태양
서밋   부츠
지도   동물
기후   준비
낭떠러지   날씨
피곤한   야생
자연

62 - Länder #2

원	다	우	물	투	파	여	에	츠	도	그	게	게	공
도	독	간	여	시	야	키	야	티	라	이	베	리	아
하	퍼	다	공	리	프	랑	스	활	오	츠	수	다	포
활	알	바	니	아	일	랜	드	탄	스	피	렵	수	수
독	우	크	라	이	나	휴	그	시	춤	투	아	낚	독
가	퍼	권	농	티	야	기	포	서	서	기	권	야	그
가	식	수	휴	편	림	러	시	아	농	다	진	투	공
법	식	포	물	뼘	권	권	휴	이	낚	심	진	서	게
케	냐	공	임	여	원	예	자	관	심	편	재	임	다
임	편	수	단	멕	독	심	원	메	나	독	구	즐	봉
심	공	재	사	시	도	식	즐	시	이	진	네	관	도
낚	술	법	킹	코	렵	물	휴	여	지	카	팔	술	서
예	다	술	물	사	법	임	관	그	리	스	캠	여	가
구	구	스	활	편	핑	춤	렵	퍼	아	일	본	게	스

알바니아	라이베리아
에티오피아	멕시코
프랑스	네팔
그리스	나이지리아
아이티	파키스탄
아일랜드	러시아
자메이카	수단
일본	시리아
케냐	우간다
라오스	우크라이나

63 - Fahrzeuge

서	버	권	자	츠	야	그	렵	나	원	비	잠	지	공
낚	수	스	가	전	가	낚	수	룻	권	행	수	하	이
핑	권	쿠	로	켓	거	술	트	배	임	기	함	철	관
트	랙	터	동	권	포	구	럭	농	퍼	임	다	낚	킹
다	포	츠	헬	다	투	급	법	하	공	게	술	서	뿜
캐	렵	야	리	뿜	사	차	동	물	림	독	임	편	시
기	러	공	콥	즐	다	동	권	야	공	원	타	이	어
권	포	밴	터	렵	뿜	기	낚	관	사	활	권	서	다
마	서	뗏	목	즐	핑	시	마	기	식	사	여	핑	림
뿜	임	포	하	그	원	낚	수	가	여	즐	가	법	활
택	시	재	츠	도	춤	즐	이	즐	시	예	모	터	사
활	농	스	물	원	렵	포	가	식	재	다	심	킹	도
츠	배	식	식	사	마	동	동	시	법	기	차	시	서
식	즐	원	식	재	츠	여	예	물	하	기	사	서	도

버스	로켓
자전거	타이어
나룻배	스쿠터
뗏목	택시
비행기	트랙터
헬리콥터	지하철
구급차	잠수함
트럭	캐러밴
모터	기차

64 - Badezimmer

비	심	재	시	하	서	투	관	동	재	퍼	투	독	봉
법	누	독	가	진	술	거	품	깔	마	식	편	서	춤
서	도	원	동	츠	독	스	울	개	그	마	낚	퍼	핑
증	기	게	마	독	도	츠	펀	캠	권	재	동	춤	농
동	향	수	도	꼭	지	즐	심	지	동	원	춤	가	위
그	수	림	법	낚	뿜	기	물	낚	여	권	가	수	임
낚	재	캠	서	수	게	식	가	서	물	봉	기	즐	활
재	핑	림	뿜	스	물	심	로	투	술	공	야	그	츠
원	구	심	예	물	샴	푸	션	여	봉	투	공	다	권
목	욕	캠	봉	가	퍼	스	공	서	그	권	술	뿜	예
물	화	장	실	구	이	뿜	츠	스	게	시	구	포	식
렵	마	림	수	렵	관	낚	야	동	퍼	핑	기	진	동
투	서	공	여	수	사	렵	술	원	술	봉	가	봉	재
진	투	식	농	건	핑	도	이	여	투	샤	워	도	가

목욕　　　　　　　　　　스펀지
거품　　　　　　　　　　비누
증기　　　　　　　　　　샴푸
샤워　　　　　　　　　　거울
수건　　　　　　　　　　깔개
로션　　　　　　　　　　화장실
향수　　　　　　　　　　수도꼭지
가위

65 - Musikinstrumente

임	마	술	시	수	만	돌	린	춤	그	게	타	시	핑
클	라	리	넷	재	여	포	공	휴	하	농	휴	악	킹
퍼	하	활	포	휴	사	투	권	관	프	기	츠	기
피	아	노	하	모	니	카	편	징	이	심	뺌	밴	타
동	스	트	롬	본	색	소	폰	예	핑	법	술	조	춤
그	예	럼	법	게	시	원	권	심	츠	휴	낚	렵	편
게	관	펫	휴	게	게	관	식	다	진	수	기	가	핑
탬	바	이	올	린	게	예	농	봉	즐	재	캠	공	물
휴	버	임	시	재	독	사	춤	휴	예	원	오	권	투
편	뺌	린	핑	야	포	낚	포	춤	투	재	보	야	독
예	캠	포	여	캠	첼	캠	심	이	이	휴	에	기	마
동	편	퍼	바	순	렵	로	포	스	임	심	그	예	식
플	루	트	물	포	북	차	농	포	기	게	다	여	투
수	가	퍼	뺌	그	즐	임	독	캠	포	뺌	퍼	즐	동

밴조
첼로
바순
플루트
바이올린
기타
차임
하프
클라리넷

피아노
만돌린
하모니카
오보에
트롬본
색소폰
타악기
탬버린
트럼펫

66 - Blumen

물	도	라	투	구	기	클	민	마	활	킹	구	히	이
농	투	벤	원	진	투	로	들	목	련	마	서	비	마
낚	공	더	수	하	식	버	레	마	킹	다	게	스	가
편	뿜	스	봉	독	여	츠	권	권	구	서	렵	커	여
스	권	렵	심	플	수	재	게	츠	투	림	서	스	심
기	공	시	수	루	여	술	뿜	킹	마	야	하	재	여
예	하	재	독	메	활	림	봉	재	봉	퍼	양	스	마
수	편	예	투	리	시	다	기	물	백	도	귀	민	예
모	장	미	편	아	도	수	즐	기	합	여	비	킹	핑
캠	란	권	권	즐	야	하	핑	활	가	포	사	휴	농
림	권	기	포	야	렵	뿜	해	바	라	기	튤	립	물
데	킹	난	야	물	꽃	잎	낚	렵	일	즐	시	치	자
여	이	활	초	심	다	도	마	독	락	식	독	림	뿜
그	포	지	야	시	발	마	식	동	렵	낚	포	공	즐

꽃잎	목련
치자	양귀비
데이지	난초
히비스커스	모란
재스민	플루메리아
클로버	장미
라벤더	해바라기
라일락	꽃다발
백합	튤립
민들레	

67 - Natur

심	열	대	임	낚	동	임	권	그	빙	휴	활	동	뽐
권	봉	평	수	강	공	고	킹	츠	하	수	관	게	동
시	스	화	원	여	고	요	안	하	개	편	물	심	임
농	캠	로	재	시	독	포	재	한	포	퍼	술	렵	야
아	구	운	시	킹	즐	게	시	원	그	재	시	봉	킹
렵	름	시	심	구	다	휴	낚	공	동	이	기	봉	서
야	활	다	공	사	여	도	가	독	적	진	즐	산	킹
뽐	권	렵	움	사	막	원	술	낚	북	구	진	캠	예
부	식	휴	물	활	수	권	재	예	극	마	가	캠	동
하	심	진	재	게	성	캠	포	도	독	독	예	독	물
뽐	츠	휴	권	뽐	역	가	숲	그	권	심	동	휴	술
야	춤	림	공	도	마	킹	관	시	도	뽐	캠	원	관
생	그	꿀	캠	그	킹	봉	츠	렵	활	동	봉	공	림
다	춤	잎	벌	술	권	법	뽐	임	기	투	뽐	기	농

북극   안개
꿀벌   아름다움
동적   동물
부식   열대
평화로운   야생
빙하   구름
성역   사막
고요한

68 - Urlaub #2

그	공	항	수	게	즐	교	통	퍼	구	시	사	원	심
투	다	목	캠	관	시	섬	이	편	투	퍼	퍼	그	림
식	수	적	게	핑	가	도	법	즐	공	퍼	사	외	수
스	당	지	기	서	여	가	렵	즐	봉	이	편	국	동
뻠	림	구	도	캠	도	권	캠	사	사	뻠	하	의	원
구	임	예	서	술	공	임	캠	서	포	외	국	인	휴
핑	춤	관	기	독	봉	도	이	츠	관	예	그	퍼	일
뻠	림	캠	물	휴	도	원	활	퍼	림	해	변	바	다
심	스	택	시	원	관	술	핑	퍼	핑	심	킹	봉	가
식	퍼	물	임	임	수	예	재	야	공	관	그	여	춤
그	즐	여	투	여	스	사	림	텐	트	다	재	여	편
기	차	여	게	여	권	게	킹	서	임	호	텔	츠	춤
봉	관	다	마	포	여	행	농	야	야	즐	원	여	비
즐	구	여	법	다	가	술	사	스	투	도	시	즐	자

외국인
외국의
캠핑
공항
여가
호텔
지도
바다
여권
여행

식당
해변
택시
교통
휴일
비자
텐트
목적지
기차

69 - Zirkus

도	임	츠	활	법	봉	핑	림	휴	봉	구	하	게	임
호	예	도	마	공	코	관	캠	진	복	경	봉	농	킹
랑	렵	야	진	봉	독	끼	마	동	장	꾼	관	투	하
이	술	풍	낚	원	킹	재	리	즐	캠	농	퍼	심	표
츠	여	사	선	뽐	스	임	농	편	도	기	심	심	낚
요	술	쟁	이	구	마	예	권	다	렵	핑	서	물	이
권	술	권	마	곡	예	사	포	시	수	즐	활	퍼	춤
음	법	편	술	츠	여	권	다	가	림	술	하	수	야
악	사	자	사	임	다	수	재	퍼	서	핑	림	진	퍼
사	낚	여	동	마	동	야	심	서	도	사	원	기	서
임	뽐	가	뽐	법	기	물	다	다	츠	마	숭	공	시
권	캠	관	권	법	사	뽐	투	권	도	림	이	포	활
독	활	구	예	텐	예	스	마	츠	독	춤	활	렵	포
춤	캠	서	핑	트	릭	즐	도	그	임	게	사	뽐	농

원숭이   음악
곡예사   동물
풍선   호랑이
코끼리   트릭
요술쟁이   마술사
복장   텐트
사자   구경꾼
마법

70 - Barbecues

하	칼	하	마	시	춤	포	캠	재	킹	도	퍼	재	그
게	게	편	원	스	여	렵	이	캠	가	시	기	진	츠
핑	마	재	닭	저	물	하	야	투	관	낚	동	하	소
채	소	휴	식	녁	뜨	거	운	포	츠	핑	가	족	금
동	동	스	낚	식	원	물	뿜	가	핑	마	기	마	동
그	릴	임	재	사	킹	그	그	샐	러	드	투	투	하
법	기	심	구	진	포	캠	심	다	도	즐	마	사	다
물	낚	물	렵	편	사	동	굶	독	권	뿜	어	린	이
관	농	춤	심	독	독	게	봉	주	츠	술	그	사	기
하	뿜	진	술	도	도	편	농	활	림	술	임	음	악
후	추	수	춤	도	시	법	림	원	봉	여	퍼	휴	법
뿜	독	뿜	즐	하	야	야	기	봉	물	름	캠	법	시
친	구	게	독	스	재	과	권	기	포	크	점	심	법
서	관	임	킹	구	핑	일	림	기	활	하	킹	렵	서

저녁 식사   어린이
가족   점심
친구   음악
과일   후추
포크   샐러드
채소   소금
그릴   여름
뜨거운   소스
굶주림   게임

71 - Küche

활	수	숟	가	락	냅	관	진	사	그	서	농	킹	그
츠	법	활	그	독	킨	권	스	펀	지	룻	구	동	원
도	휴	레	시	피	뺌	임	포	이	하	시	포	봉	이
활	시	농	식	농	봉	하	동	구	도	휴	물	음	도
술	그	구	렵	킹	재	물	예	낚	그	즐	투	휴	식
식	여	핑	수	임	포	앞	치	마	야	공	동	법	즐
진	임	젓	술	구	크	퍼	야	예	춤	렵	킹	그	기
킹	심	가	구	야	오	븐	캠	렵	향	신	료	낚	포
기	임	락	재	시	동	봉	권	진	츠	국	츠	수	칼
캠	핑	포	킹	공	즐	야	재	주	전	자	임	캠	심
렵	퍼	시	춤	낚	퍼	편	렵	냉	장	고	컵	스	식
츠	퍼	핑	관	편	사	야	츠	농	동	법	이	가	투
가	그	물	도	재	시	낚	그	릴	그	고	농	봉	임
야	공	다	츠	기	하	낚	마	동	그	시	사	식	권

음식

냉장고

젓가락

숟가락

포크

오븐

냉동고

레시피

향신료

앞치마

그릴

그릇

국자

스펀지

주전자

냅킨

72 - Schach

퍼	사	즐	킹	렵	활	포	게	사	렵	다	그	마	술
플	레	이	어	낚	낚	법	퍼	공	농	그	도	츠	예
식	토	핑	식	게	농	서	퍼	시	관	퀸	예	동	활
게	너	휴	예	진	임	권	낚	구	동	퍼	예	임	킹
동	먼	그	활	진	진	핑	권	포	림	법	진	그	하
임	트	왕	대	회	구	여	휴	낚	기	편	가	술	권
사	편	핑	낚	식	기	전	핑	시	다	그	휴	휴	관
서	핑	진	이	낚	낚	물	략	즐	춤	림	킹	서	원
물	이	가	여	재	스	편	술	술	낚	마	구	시	블
게	가	수	진	다	법	가	법	휴	퍼	진	렵	하	랙
수	춤	하	원	츠	휴	물	마	시	재	즐	법	식	농
킹	식	챔	피	언	공	구	핑	심	영	리	한	규	칙
수	동	태	하	시	각	투	투	권	상	대	각	선	렵
그	림	재	양	임	서	독	술	구	공	대	희	생	법

챔피언　　　　　　게임
대각선　　　　　　플레이어
상대　　　　　　　전략
영리한　　　　　　토너먼트
희생　　　　　　　하얀
수동태　　　　　　대회
규칙　　　　　　　시각
블랙

73 - Erhaltung

환	가	핑	법	림	수	즐	수	퍼	렵	핑	캠	서	츠
경	자	연	스	러	운	마	농	서	마	포	술	활	가
서	림	사	마	그	게	츠	그	식	관	기	동	킹	활
뻠	원	게	식	도	기	원	수	지	다	그	예	그	활
기	포	수	사	권	낚	뻠	구	속	법	오	농	퍼	동
활	예	스	재	이	서	캠	서	가	주	염	서	게	원
독	휴	식	다	식	낚	서	동	능	기	이	권	그	진
활	게	권	퍼	포	뻠	도	예	한	수	그	휴	핑	법
편	그	독	스	핑	스	하	사	술	술	퍼	시	시	야
생	태	계	서	봉	야	관	핑	여	농	법	봉	림	수
캠	시	핑	기	도	구	낚	활	화	즐	약	교	육	물
수	기	활	녹	색	유	게	임	공	학	하	낚	사	진
이	가	뻠	건	휴	기	렵	킹	편	시	물	퍼	진	다
술	투	관	식	강	농	야	휴	뻠	수	즐	질	기	후

교육	자연스러운
화학 물질	유기농
건강	생태계
녹색	농약
기후	환경
서식지	오염
지속 가능한	주기

74 - Geographie

기	킹	구	진	아	수	편	츠	자	오	선	캠	킹	그
공	마	츠	봉	틀	수	뿜	북	쪽	도	심	구	진	야
서	공	킹	고	라	이	시	춤	하	사	독	심	가	농
렵	그	적	도	스	재	마	퍼	춤	서	재	임	공	킹
여	법	휴	식	임	츠	도	편	다	국	가	핑	마	구
시	진	킹	춤	이	진	뿜	진	춤	기	진	마	원	그
춤	사	임	시	봉	뿜	진	봉	포	식	물	관	캠	그
기	투	마	츠	포	기	진	바	세	구	렵	활	위	편
시	진	강	그	낚	스	권	다	임	계	마	즐	도	서
서	쪽	즐	반	구	시	재	원	포	수	심	휴	그	시
독	구	그	예	투	시	공	독	대	뿜	술	권	임	캠
임	휴	술	핑	캠	뿜	동	봉	륙	게	츠	렵	봉	권
재	독	술	활	이	게	지	도	낚	봉	이	영	대	마
기	여	림	다	섬	즐	임	역	진	야	산	토	양	휴

아틀라스　　　　　　　바다
적도　　　　　　　　　자오선
위도　　　　　　　　　북쪽
영토　　　　　　　　　대양
반구　　　　　　　　　지역
고도　　　　　　　　　도시
지도　　　　　　　　　세계
대륙　　　　　　　　　서쪽
국가

75 - Zahlen

원	봉	봉	임	수	뿜	법	그	낚	진	구	이	공	열
열	일	곱	술	사	즐	진	여	섯	식	야	관	아	두
다	곱	가	뿜	수	하	스	편	십	팔	퍼	게	십	홉
섯	포	편	구	활	야	물	이	진	도	하	림	사	진
편	법	원	원	이	공	예	삼	수	편	즐	원	법	포
관	렵	권	활	진	가	법	심	다	섯	야	투	킹	즐
휴	즐	야	심	퍼	수	수	편	활	열	셋	시	물	스
원	사	동	공	서	활	다	투	킹	아	림	법	퍼	농
물	독	술	서	낚	즐	물	임	그	홉	가	술	임	독
휴	관	농	예	스	시	야	예	식	낚	물	심	퍼	츠
다	수	심	낚	춤	임	여	임	술	서	즐	스	가	활
술	즐	농	사	야	활	하	기	캠	시	휴	렵	식	봉
즐	법	춤	렵	마	포	봉	여	식	스	틴	야	춤	킹
여	활	여	덟	원	법	십	휴	시	영	물	사	다	즐

여덟
십팔
십진수
열셋
다섯
열 다섯
아홉
열아홉

여섯
식스틴
일곱
열일곱
십사
스물
열두

76 - Urlaub #1

렵	통	수	렵	동	림	여	행	가	방	스	시	도	구
핑	화	사	기	가	활	권	스	즐	술	낚	식	박	호
술	예	공	봉	활	가	임	서	츠	편	임	하	물	수
편	공	마	수	물	도	사	이	츠	렵	식	세	관	관
하	즐	렵	츠	원	춤	비	행	기	편	마	임	가	킹
임	게	그	활	도	술	여	게	여	포	공	시	관	마
기	관	진	게	야	구	하	렵	휴	그	킹	춤	차	렵
시	가	전	차	여	서	다	서	캠	권	봉	하	예	구
핑	수	즐	심	공	이	법	공	마	투	렵	술	식	포
이	렵	림	캠	야	물	휴	식	다	즐	농	원	우	다
가	가	공	도	임	배	림	원	법	원	여	법	야	산
시	법	표	관	광	객	낭	공	일	정	캠	임	출	발
사	봉	시	활	츠	권	춤	편	즐	심	휴	관	퍼	구
관	심	편	사	뼘	봉	사	동	이	사	도	도	이	킹

출발	일정
휴식	배낭
원정	호수
비행기	시가 전차
여행 가방	관광객
박물관	통화
우산	세관

77 - Kunst Liefert

도	농	야	동	지	기	름	휴	공	여	권	예	투	공
휴	종	춤	야	권	우	춤	포	독	술	즐	마	시	여
아	이	디	어	술	동	개	즐	게	연	브	러	쉬	하
술	권	수	야	다	기	이	투	사	필	그	림	독	게
화	가	츠	츠	숯	아	크	릴	관	사	림	식	이	법
춤	캠	낚	스	이	잉	퍼	야	여	하	다	캠	농	게
렵	낚	기	원	식	크	법	술	다	휴	이	공	야	여
뿜	수	도	시	물	농	레	구	점	휴	여	야	춤	핑
즐	권	심	마	색	상	공	용	토	그	법	재	활	법
카	독	서	낚	재	임	즐	그	사	휴	캠	농	스	동
림	메	관	도	접	그	예	활	물	츠	하	여	낚	도
진	게	라	여	착	창	의	성	기	휴	술	예	표	여
예	술	관	활	제	뿜	자	독	게	게	핑	공	예	공
츠	구	스	공	캠	활	물	사	식	그	뿜	편	원	다

아크릴 접착제
연필 기름
크레용 종이
브러쉬 지우개
색상 화가
아이디어 의자
카메라 잉크
창의성 점토

78 - Tage und Monate

구	예	식	림	수	활	구	이	권	농	원	화	목	하
팔	월	달	력	요	월	심	년	핑	마	마	일	요	일
가	월	낚	다	일	하	다	스	마	퍼	하	권	일	일
독	다	금	투	심	관	농	관	예	다	마	휴	핑	봉
봉	서	요	봉	뻠	츠	동	즐	스	구	식	투	편	구
휴	시	일	활	핑	낚	물	마	술	토	이	농	수	그
그	킹	구	이	도	활	휴	편	렵	요	시	그	시	시
기	뻠	림	공	재	게	다	투	물	일	시	낚	예	농
렵	킹	림	시	마	재	여	도	킹	독	재	그	스	식
임	다	림	그	기	봉	츠	법	봉	농	가	마	독	수
진	도	월	공	서	낚	낚	뻠	물	츠	춤	즐	휴	독
도	수	요	농	재	림	투	물	식	투	야	십	일	월
기	그	일	이	캠	스	마	기	독	다	칠	월	행	주
도	공	마	임	진	캠	관	퍼	공	재	공	사	진	츠

팔월	수요일
화요일	월요일
목요일	십일월
금요일	십월
칠월	토요일
달력	구월
행진	일요일

79 - Piraten

춤	공	포	즐	농	다	기	식	마	물	수	심	닻	전
츠	사	다	즐	심	재	투	공	럼	동	낚	기	농	설
캠	금	관	캠	깃	동	동	선	즐	봉	구	권	여	관
춤	게	동	전	앵	발	스	사	장	진	농	임	포	이
하	휴	굴	승	무	원	물	진	농	진	사	츠	킹	서
가	투	가	농	새	기	림	모	험	농	술	서	스	기
사	물	사	동	검	스	여	그	관	관	게	봉	킹	수
흉	터	뻠	킹	구	여	도	물	이	권	진	게	투	사
퍼	이	게	스	퍼	킹	가	동	뻠	포	이	캠	지	그
도	예	포	가	권	법	즐	나	뻔	퍼	춤	이	도	수
뻠	여	마	하	법	즐	스	임	편	기	낚	시	렵	그
독	야	킹	이	퍼	재	활	츠	구	활	렵	편	여	뻠
즐	이	서	해	변	마	활	츠	시	시	섬	봉	임	가
투	동	캠	술	구	나	침	반	보	물	농	위	험	농

모험
승무원
깃발
위험
동굴
선장
지도
나침반

전설
동전
흉터
앵무새
보물
나쁜
해변

80 - Zu Füllen

법	림	휴	시	동	농	시	버	퍼	킹	도	꽃	병	법
예	법	춤	마	춤	술	구	킷	여	하	다	즐	재	농
낚	기	여	편	투	이	공	휴	춤	재	캠	튜	브	술
술	사	행	하	가	심	서	랍	여	림	그	하	즐	봉
킹	동	가	핑	츠	관	구	항	아	리	투	식	킹	스
재	봉	방	동	심	마	임	심	낚	렵	관	통	분	수
가	법	구	서	패	수	사	핑	봉	편	춤	판	지	마
원	렵	킹	가	심	킷	야	사	바	휴	스	시	활	서
재	스	술	방	원	예	야	임	구	낚	관	구	킹	가
봉	마	낚	공	캠	봉	마	구	니	투	츠	상	즐	하
림	퍼	핑	예	수	투	투	편	마	시	수	자	휴	휴
폴	더	도	공	핑	킹	낚	림	원	재	진	쟁	농	츠
가	야	서	하	독	수	하	동	츠	예	그	동	반	진
동	식	구	시	권	사	예	춤	캠	휴	핑	활	투	시

분지   패킷
상자   튜브
버킷   서랍
판지   쟁반
여행 가방   가방
바구니   봉투
항아리   꽃병
폴더

81 - Surfen

챔	사	수	구	농	기	힘	츠	심	사	구	재	포	투
피	초	여	뿜	렵	시	춤	림	킹	농	즐	사	사	관
언	예	보	인	기	있	는	군	중	수	게	도	진	예
편	스	뿜	자	날	씨	퍼	편	츠	편	게	봉	이	캠
여	뿜	가	그	야	수	권	해	변	도	관	킹	야	권
킹	독	다	농	그	스	속	도	킹	퍼	이	봉	재	관
동	수	봉	임	가	스	프	레	이	휴	농	휴	활	츠
게	식	구	스	임	타	암	초	거	품	활	선	하	활
게	봉	법	츠	수	일	권	편	권	야	대	수	심	마
위	기	식	퍼	파	도	포	공	법	그	법	양	독	진
기	관	공	권	편	마	임	활	서	진	킹	심	하	진
다	포	춤	활	포	재	그	포	그	원	심	예	그	구
재	이	퍼	여	그	사	진	편	심	농	야	물	게	농
낚	재	게	원	가	핑	츠	이	관	재	미	그	즐	농

초보자
선수
인기있는
챔피언
속도
군중
대양
암초

거품
재미
스프레이
스타일
해변
파도
날씨

82 - Möbel

킹	사	벤	치	재	깔	베	임	휴	해	그	이	시	관
도	휴	침	대	램	사	개	식	법	투	먹	서	불	수
휴	뿜	구	공	프	독	다	술	게	휴	법	뿜	독	
휴	게	동	포	물	술	임	사	물	낚	마	관	즐	기
투	심	렵	렵	권	구	예	임	즐	진	책	상	원	매
거	울	재	수	재	진	커	튼	여	게	장	야	법	트
뿜	수	법	관	농	도	관	마	농	킹	여	심	식	리
활	관	뿜	스	사	낚	독	휴	술	마	마	편	술	스
퍼	이	물	스	투	권	기	스	동	이	편	활	편	하
선	진	심	시	농	임	게	가	식	권	의	공	식	핑
반	안	락	의	자	캠	낚	재	캠	스	자	활	권	수
사	핑	핑	도	수	마	휴	농	다	도	임	봉	다	구
예	렵	편	림	이	게	소	파	예	구	렵	킹	핑	구
구	물	캠	투	물	사	캠	도	포	법	수	도	술	서

벤치
침대
책장
소파
이불
해먹
베개
램프

매트리스
선반
책상
안락의자
거울
의자
깔개
커튼

83 - Kräuterkunde

핑	낚	동	시	관	관	마	공	술	낚	구	즐	임	춤
춤	딜	임	퍼	이	물	늘	야	렵	물	맛	사	스	게
기	즐	사	다	여	활	서	편	투	관	독	농	성	하
츠	하	캠	킹	원	기	캠	휴	휴	공	여	도	분	술
술	진	동	포	퍼	뿜	수	스	림	퍼	권	춤	춤	춤
요	마	조	람	낚	녹	하	하	재	편	킹	심	편	낚
스	리	라	캠	게	색	재	재	여	사	프	란	야	림
농	야	벤	포	사	공	심	예	즐	핑	진	물	킹	술
방	회	더	도	낚	도	여	츠	여	여	수	정	원	캠
재	향	게	낚	편	게	봉	백	여	츠	그	렵	퍼	도
동	원	족	킹	타	파	슬	리	서	동	츠	춤	도	렵
서	권	예	품	라	그	서	향	야	예	킹	유	농	다
사	임	바	질	곤	야	예	기	임	독	시	익	킹	게
꽃	게	캠	도	로	즈	마	리	기	마	핑	한	구	재

방향족
바질
타라곤
회향
정원
녹색
마늘
요리
라벤더

마조람
파슬리
품질
로즈마리
사프란
백리향
유익한
성분

84 - Aktivitäten und Freizeit

심	재	기	야	임	구	마	마	농	낚	술	동	권	투
공	낚	배	구	게	즐	술	관	퍼	관	권	게	즐	서
이	시	캠	핑	진	다	시	수	영	식	마	휴	편	동
마	재	캠	킹	골	프	이	심	시	투	이	식	취	미
야	하	렵	심	원	뽐	서	빙	즐	마	예	진	포	포
예	임	가	시	도	테	구	농	수	수	서	편	휴	림
마	춤	구	스	스	가	니	뽐	핑	재	도	술	스	물
핑	그	야	퍼	퍼	구	림	스	시	심	그	쇼	그	공
하	이	킹	이	이	동	원	투	림	그	서	핑	농	기
퍼	공	림	식	퍼	이	도	예	술	게	여	경	주	식
수	춤	야	관	뽐	스	관	편	뽐	핑	행	마	시	심
공	술	관	독	법	게	기	축	구	예	게	그	즐	시
식	농	다	예	다	관	스	렵	사	핑	농	사	뽐	식
뽐	물	뽐	법	구	권	투	가	사	물	구	하	활	투

낚시
야구
농구
권투
캠핑
쇼핑
휴식
축구
원예
골프

취미
예술
여행
경주
수영
서핑
다이빙
테니스
배구
하이킹

85 - Formen

직	서	다	입	활	휴	마	동	게	편	쌍	공	독	정
서	사	다	방	관	구	도	독	사	스	곡	농	뿜	사
투	야	각	체	서	독	술	공	곡	농	선	수	관	각
야	모	형	형	킹	캠	시	휴	휴	선	시	시	구	형
법	서	타	원	형	하	원	뿔	피	편	도	뿜	포	시
렵	리	구	예	츠	하	법	구	라	기	활	휴	시	다
이	사	술	림	즐	포	그	스	미	퍼	그	기	춤	구
마	마	킹	퍼	임	야	원	야	드	법	타	하	게	스
여	도	렵	심	사	낚	호	활	림	시	원	야	마	마
즐	구	휴	원	도	동	마	재	이	권	권	휴	동	술
투	체	재	프	포	농	예	식	공	실	사	휴	게	휴
가	장	자	리	측	시	편	원	관	린	기	진	서	기
삼	각	형	즘	면	활	심	투	가	더	기	춤	포	활
여	농	츠	마	수	수	재	물	심	춤	기	핑	예	관

삼각형   다각형
모서리   프리즘
타원   피라미드
쌍곡선   정사각형
가장자리   직사각형
원뿔   측면
구체   입방체
곡선   실린더
타원형

86 - Adjektive #2

포	시	마	권	낚	독	하	건	야	낚	구	편	구	즐
포	권	시	퍼	뿜	투	렵	강	생	산	적	인	기	구
활	임	임	원	캠	강	한	한	가	뿜	재	구	독	물
림	극	설	야	술	식	시	식	식	자	포	농	기	다
권	적	도	명	법	캠	식	공	공	랑	연	그	봉	활
창	인	이	킹	스	투	하	즐	흥	스	예	스	임	술
조	짠	심	활	독	물	정	통	미	러	우	공	러	권
적	수	편	여	야	게	상	새	로	운	아	마	즐	운
하	동	이	공	서	활	독	법	운	퍼	한	관	구	물
하	진	식	봉	농	핑	뿜	술	킹	원	투	임	뿜	심
도	물	독	퍼	책	임	신	배	고	픈	퍼	술	유	식
가	진	동	봉	즐	춤	투	선	예	마	도	독	명	용
뿜	봉	활	포	렵	림	술	그	한	봉	그	야	한	관
동	캠	캠	여	수	구	하	봉	활	즐	킹	권	즐	림

정통	창조적
유명한	자연스러운
설명	새로운
극적인	정상
우아한	생산적인
식용	강한
신선한	자랑스러운
건강한	책임
배고픈	야생
흥미로운	

87 - Kleidung

바	재	원	임	셔	하	동	낚	수	퍼	다	장	갑	하
지	즐	킷	퍼	그	츠	재	캠	사	공	그	핑	권	술
마	도	권	활	그	투	휴	독	드	사	시	게	야	활
이	쁨	임	물	기	킹	여	도	렵	레	사	권	기	하
그	동	수	구	가	게	여	하	츠	낚	스	블	이	원
가	게	진	권	림	핑	가	식	법	마	카	라	심	시
즐	농	식	여	법	팔	찌	코	낚	퍼	프	우	다	심
하	편	서	패	심	마	벨	트	독	다	편	스	휴	사
가	농	게	션	춤	예	야	공	식	수	보	여	츠	휴
캠	쁨	춤	임	스	웨	터	그	물	다	석	휴	독	가
이	포	게	재	츠	그	핑	목	걸	이	류	관	가	수
재	도	구	원	모	자	여	재	쁨	앞	진	구	심	심
수	법	법	잠	법	관	핑	임	하	치	마	두	춤	법
편	다	독	옷	청	바	지	다	쁨	마	렵	농	수	활

팔찌	드레스
블라우스	코트
벨트	패션
목걸이	스웨터
장갑	치마
셔츠	스카프
바지	잠옷
모자	보석류
재킷	구두
청바지	앞치마

88 - Sommer

```
그 심 하 농 원 농 낚 낚 여 가 정 원 이 진
낚 동 공 서 퍼 기 쁨 츠 행 족 휴 음 기 캠
투 활 친 구 야 킹 림 투 법 여 농 식 원 다
투 음 이 하 낚 수 공 가 술 공 가 야 여 여
물 심 악 식 술 활 휴 게 서 게 렵 심 캠 구
렵 임 스 킹 심 재 다 구 시 킹 킹 야 핑 포
봉 진 낚 하 마 림 도 그 편 츠 시 시 샌 들
농 물 시 캠 원 식 권 츠 하 투 구 퍼 이 서
즐 야 림 하 공 핑 야 휴 게 춤 동 여 즐 추
식 킹 렵 농 렵 쁨 예 여 렵 별 봉 해 변 억
포 농 그 게 관 활 진 즐 마 투 식 야 게
다 춤 휴 예 임 킹 시 포 동 활 책 재 핑 낚
림 구 바 다 이 빙 휴 캠 그 활 시 하 렵 핑
독 수 진 독 츠 춤 가 관 여 법 가 농 야 예
```

캠핑
휴식
추억
음식
가족
여가
기쁨
친구
정원

바다
음악
여행
샌들
게임
해변
다이빙
휴가

89 - Farben

다	자	임	빨	관	가	춤	구	노	오	편	뻠	독	마
이	분	홍	간	베	마	젠	타	란	렌	원	구	스	스
수	관	갈	색	바	이	올	렛	색	지	하	하	여	렵
춤	핑	보	구	남	빛	지	재	캠	휴	회	수	공	독
스	림	라	물	가	사	시	퍼	게	녹	색	서	마	투
블	루	색	휴	하	가	안	여	동	심	휴	휴	게	관
랙	편	기	시	스	봉	스	춤	물	독	예	춤	도	마
활	퍼	독	재	사	편	낚	예	기	식	이	서	핑	퍼
술	츠	사	킹	다	예	휴	하	시	관	기	즐	림	마
휴	동	사	봉	뻠	식	여	재	세	수	진	렵	수	캠
원	봉	츠	구	도	휴	하	늘	빛	피	낚	그	진	킹
봉	낚	다	휴	휴	가	양	렵	춤	독	아	포	퍼	관
진	렵	가	도	킹	게	봉	그	봉	권	퍼	핑	가	물
킹	여	법	권	사	권	낚	서	술	뻠	퍼	활	서	킹

하늘빛	마젠타
베이지	오렌지
블루	분홍
갈색	빨간색
자홍색	블랙
노란색	세피아
회색	바이올렛
녹색	하얀
남빛	시안
보라색	

90 - Haus

여	킹	관	사	핑	차	고	술	술	춤	농	마	물	하
야	춤	농	퍼	춤	킹	봉	렵	그	게	램	관	사	수
여	스	즐	수	농	식	부	포	마	시	다	프	원	핑
공	방	휴	포	뽐	진	스	억	스	낚	하	이	하	수
다	투	캠	하	권	권	원	농	권	도	진	식	구	스
지	다	서	진	식	즐	낚	즐	술	활	그	권	즐	권
심	붕	그	임	핑	시	림	관	수	권	서	림	그	임
서	킹	예	창	캠	낚	도	서	식	스	애	벽	도	진
마	진	예	비	기	심	권	가	가	구	틱	수	문	원
활	츠	심	서	샤	활	심	시	그	도	가	난	로	동
활	동	정	원	워	게	여	거	울	서	편	심	천	장
가	투	심	포	권	시	그	물	타	관	침	실	뽐	림
술	물	서	농	활	임	굴	뚝	리	원	킹	임	츠	농
심	동	식	야	시	하	봉	도	그	이	공	즐	원	구

도서관	부엌
지붕	램프
애틱	가구
천장	침실
샤워	굴뚝
차고	거울
정원	울타리
난로	

91 - Bauernhof #1

독	림	야	도	구	원	포	활	활	관	게	구	야	여
송	킹	동	편	농	법	포	편	독	스	공	캠	도	농
관	아	렵	말	킹	술	권	독	수	권	염	심	스	진
핑	시	지	재	마	고	하	재	임	임	소	봉	원	당
스	포	시	캠	임	양	소	렵	벌	진	활	휴	휴	나
울	타	리	동	봉	이	수	여	물	돼	지	까	마	귀
퍼	독	식	원	시	그	마	구	게	스	츠	렵	캠	구
편	캠	개	야	스	하	퍼	법	비	가	쌀	예	림	독
관	휴	권	뻠	핑	그	원	츠	료	킹	스	림	활	투
동	하	휴	농	뻠	렵	낚	야	이	즐	림	독	츠	게
법	뻠	권	시	진	게	그	봉	봉	림	원	공	농	업
이	술	꿀	여	휴	핑	츠	땅	캠	농	재	활	농	술
포	닭	휴	건	초	심	봉	핑	캠	들	관	권	게	렵
서	게	관	뻠	투	재	편	임	물	낚	퍼	마	핑	림

비료	까마귀
당나귀	농업
건초	돼지
송아지	울타리
고양이	염소

92 - Berufe #1

서	시	퍼	수	공	다	포	심	림	농	권	춤	춤	수
피	동	법	재	야	휴	게	리	춤	시	포	독	심	의
여	아	음	악	가	간	법	학	춤	그	퍼	다	의	사
춤	뿜	니	다	변	호	사	자	관	가	핑	봉	그	배
봉	다	구	스	휴	사	뿜	예	퍼	렵	렵	낚	물	관
뿜	법	핑	관	트	투	가	원	동	봉	게	봉	다	공
편	시	진	재	이	예	술	가	댄	낚	재	그	여	투
수	권	게	원	은	정	편	시	서	술	서	공	시	지
투	예	대	활	행	비	보	석	상	여	핑	이	활	도
츠	코	임	사	가	공	동	활	렵	다	활	여	지	제
그	치	핑	킹	냥	심	낚	회	그	술	투	즐	질	작
시	공	춤	독	캠	꾼	캠	계	편	핑	천	문	학	자
도	기	활	킹	시	공	독	사	다	낚	구	킹	자	편
권	다	권	시	재	야	공	이	렵	권	기	관	춤	킹

의사	간호사
천문학자	예술가
은행가	정비공
대사	음악가
회계사	피아니스트
지질학자	심리학자
사냥꾼	변호사
보석상	댄서
지도 제작자	수의사
배관공	코치

93 - Adjektive #1

휴	아	름	다	운	공	시	시	행	가	완	예	도	활
구	킹	여	식	도	그	임	킹	권	복	벽	캠	여	다
동	수	방	향	족	무	포	현	귀	중	한	여	시	정
독	퍼	그	게	심	예	거	대	한	요	공	그	동	직
시	휴	법	핑	수	술	낚	운	서	식	진	순	수	한
렵	공	동	매	력	적	인	식	동	킹	킹	진	가	원
어	두	운	예	활	시	활	낚	편	하	서	한	활	식
편	그	봉	법	시	구	동	일	휴	야	재	즐	임	술
츠	휴	임	물	투	독	적	편	편	즐	관	임	독	공
활	그	스	활	킹	원	인	수	수	심	킹	게	재	스
권	예	활	공	마	술	하	뽐	원	하	투	서	여	림
이	깊	은	림	도	캠	킹	도	사	시	관	구	야	가
물	야	이	여	물	활	뽐	춤	느	린	얇	식	킹	사
그	츠	기	물	여	식	이	츠	하	포	퍼	은	캠	휴

순수한
활동적인
방향족
매력적인
어두운
얇은
정직한
행복한
동일
예술적

느린
현대
완벽한
거대한
아름다운
무거운
깊은
순진한
귀중한
중요

94 - Mathematik

원	활	기	여	활	포	그	춤	방	관	핑	투	기	독
권	농	음	여	다	구	즐	술	정	츠	츠	임	춤	츠
퍼	정	량	림	게	삼	멱	야	식	스	이	캠	투	대
이	십	사	임	다	각	지	시	구	투	즐	진	술	칭
산	진	지	각	각	형	수	식	림	휴	농	반	수	진
스	수	직	름	형	구	체	심	퍼	기	독	지	가	재
시	심	사	재	여	진	렵	하	렵	원	그	름	식	구
뿜	사	각	도	서	휴	림	활	임	도	활	예	이	여
게	그	형	핑	서	봉	임	시	진	림	시	예	스	심
분	편	관	수	킹	하	마	동	다	활	퍼	시	예	뿜
수	예	기	가	심	식	핑	도	수	하	캠	이	법	법
동	렵	시	렵	물	킹	야	렵	춤	기	야	둘	재	휴
술	하	가	시	츠	평	츠	기	낚	예	림	레	도	시
편	동	휴	핑	평	행	사	변	형	춤	수	기	하	학

산수
분수
십진수
삼각형
지름
멱지수
기하학
방정식
구체
평행

평행사변형
다각형
정사각형
반지름
직사각형
수직
대칭
둘레
음량
각도

95 - Messungen

진	법	킹	식	렵	휴	시	구	쁨	춤	너	구	포	원
낚	킹	킹	캠	캠	가	독	즐	쁨	게	비	십	림	권
야	심	시	쁨	야	즐	농	공	진	수	츠	진	인	치
편	독	관	재	다	활	예	권	수	권	관	수	법	원
낚	낚	공	이	편	야	권	분	킹	휴	미	스	물	관
다	키	톤	원	식	여	투	독	쁨	스	터	편	츠	렵
퍼	즐	독	리	즐	그	하	임	다	법	포	권	가	서
센	티	미	터	림	기	독	즐	심	림	즐	야	농	편
킬	바	이	트	활	휴	수	가	관	음	원	독	독	봉
킹	로	킬	로	그	램	봉	물	진	독	량	게	심	동
마	깊	미	스	램	질	량	농	법	동	식	정	도	길
온	이	동	터	야	수	무	활	투	편	포	낚	여	이
스	휴	하	독	권	게	게	식	츠	서	봉	춤	공	낚
구	공	캠	다	가	활	법	시	캠	다	야	다	투	이

너비
바이트
십진수
무게
정도
그램
킬로그램
킬로미터
길이

리터
질량
미터
깊이
온스
음량
센티미터
인치

96 - Schlösser

도	퍼	물	투	용	고	가	방	패	림	다	시	서	투
봉	요	새	석	다	귀	낚	가	게	야	관	게	서	사
제	게	게	기	탑	한	갑	핑	술	이	농	림	공	즐
수	국	심	사	술	재	옷	공	가	가	술	츠	주	킹
진	게	왕	야	예	이	활	검	사	재	서	츠	공	즐
관	마	관	진	봉	킹	캠	활	핑	춤	그	활	킹	포
수	관	동	츠	말	퍼	다	술	동	캠	궁	전	기	마
마	예	농	벽	핑	게	봉	마	게	즐	그	뽐	동	도
게	킹	낚	물	진	재	건	낚	동	게	진	원	투	뽐
관	구	캠	야	법	뽐	킹	야	핑	이	게	공	권	츠
뽐	렵	킹	식	게	이	하	스	림	가	법	활	임	야
진	킹	농	왕	국	포	권	사	스	진	춤	봉	활	다
독	왕	게	조	공	활	투	킹	뽐	농	일	각	수	마
즐	자	구	봉	캠	퍼	관	그	렵	림	렵	법	사	사

왕조
고귀한
일각수
요새
봉건
투석기
왕국
왕관

궁전
왕자
공주
제국
기사
갑옷
방패

97 - Bauernhof #2

렵	헛	킹	옥	풍	차	도	목	과	수	원	익	야	투
공	간	마	수	트	랙	터	초	마	법	그	림	은	수
수	공	법	수	가	포	하	지	뺌	공	가	공	봉	밀
봉	서	캠	하	물	목	관	술	즐	서	렵	독	도	심
재	마	투	야	보	자	도	개	동	독	봉	재	예	그
기	퍼	재	채	리	스	관	술	재	퍼	야	츠	임	가
이	낚	농	츠	핑	라	야	벌	포	스	임	기	원	휴
서	투	야	시	술	편	마	집	퍼	수	독	원	도	관
양	여	술	임	도	농	오	퍼	봉	임	춤	킹	게	재
고	낚	낚	뺌	농	권	리	하	수	활	편	캠	도	심
기	독	술	캠	여	게	구	식	동	핑	그	심	물	퍼
식	구	농	부	그	스	동	진	과	편	식	도	동	물
식	휴	심	편	농	우	유	도	일	권	사	법	스	관
킹	술	수	동	원	법	시	서	술	재	게	원	낚	관

농부	옥수수
관개	우유
벌집	과수원
오리	익은
과일	목자
야채	헛간
보리	트랙터
라마	목초지
양고기	풍차

98 - Berufe #2

우	스	술	투	관	활	게	예	심	화	원	림	여	법
이	주	서	법	외	낚	춤	봉	핑	가	법	의	게	심
이	사	비	독	과	법	술	재	포	동	형	사	기	법
생	관	서	행	의	정	즐	관	연	기	이	서	자	농
물	치	과	의	사	가	원	춤	여	구	휴	동	동	철
학	휴	춤	사	진	작	가	사	마	일	원	킹	물	학
자	선	생	님	활	예	핑	편	이	러	언	어	학	자
술	물	야	물	수	그	쁨	여	술	스	수	법	자	게
동	예	재	진	렵	야	야	임	발	트	킹	농	캠	여
렵	조	법	하	게	엔	게	술	명	레	즐	식	술	원
휴	종	이	재	농	지	킹	휴	자	이	하	동	그	춤
게	사	봉	독	동	니	독	서	쁨	터	게	시	게	투
즐	심	편	도	재	어	이	물	하	다	기	휴	술	재
렵	마	재	사	진	공	권	이	관	구	하	그	스	임

의사	일러스트레이터
우주 비행사	엔지니어
사서	기자
생물학자	선생님
외과 의사	언어학자
형사	화가
발명자	철학자
연구원	조종사
사진 작가	치과 의사
정원사	동물학자

99 - Erforschung

위	림	원	농	재	진	언	공	재	농	야	게	서	투
험	임	편	이	츠	뽐	렵	어	퍼	공	핑	사	스	핑
퍼	심	투	여	임	핑	렵	심	물	즐	독	사	발	구
봉	투	봉	즐	동	퍼	춤	편	예	그	지	형	견	휴
핑	포	스	캠	게	관	활	춤	사	츠	공	게	우	주
낚	킹	독	스	포	렵	법	그	서	츠	권	스	심	포
편	캠	휴	즐	용	뽐	그	흥	포	임	사	관	야	원
새	피	이	시	기	도	즐	분	그	다	캠	퍼	생	식
활	로	기	심	수	포	이	핑	진	다	활	위	험	한
동	시	운	구	다	퍼	렵	농	투	사	서	임	진	렵
농	물	구	수	먼	림	그	낚	편	포	낚	츠	구	결
춤	기	게	캠	독	야	사	림	권	포	게	게	여	정
원	기	스	문	화	춤	서	춤	하	봉	도	사	독	여
다	하	서	구	춤	춤	여	행	스	킹	다	스	동	공

활동
흥분
발견
결정
피로
위험
위험한
지형

문화
용기
새로운
우주
여행
언어
동물
야생

100 - Wetter

허	리	케	인	무	극	선	핑	권	낚	우	기	시	낚
구	츠	봉	다	지	핑	권	야	동	원	춤	후	천	둥
번	개	권	가	개	구	재	가	림	구	이	법	진	동
낚	퍼	퍼	여	림	름	독	뭄	하	늘	미	재	킹	포
법	진	퍼	킹	림	림	휴	독	예	퍼	폭	풍	토	활
츠	시	그	기	투	농	법	독	서	킹	투	법	네	관
공	동	가	원	사	원	안	하	이	기	동	가	이	뺌
가	기	농	임	봉	마	개	시	낚	포	림	낚	도	투
예	동	가	기	온	시	른	도	진	바	람	그	그	캠
킹	낚	얼	그	도	핑	마	분	위	기	킹	츠	사	서
원	낚	캠	음	투	가	이	술	가	구	예	봉	열	대
즐	재	투	핑	심	게	구	술	도	게	동	가	권	진
시	물	관	춤	킹	야	이	물	포	구	봉	캠	캠	활
수	진	진	퍼	편	서	관	마	게	가	즐	킹	사	하

분위기	안개
번개	극선
미풍	무지개
천둥	폭풍
가뭄	온도
얼음	토네이도
하늘	마른
허리케인	열대
기후	바람
우기	구름

1 - Ozean

2 - Schule #1

3 - Meditation

4 - Meisterschaft

5 - Insekten

6 - Dinosaurier

7 - Obst

8 - Schule #2

9 - Spielzeuge

10 - Komödie

11 - Camping

12 - Zeit

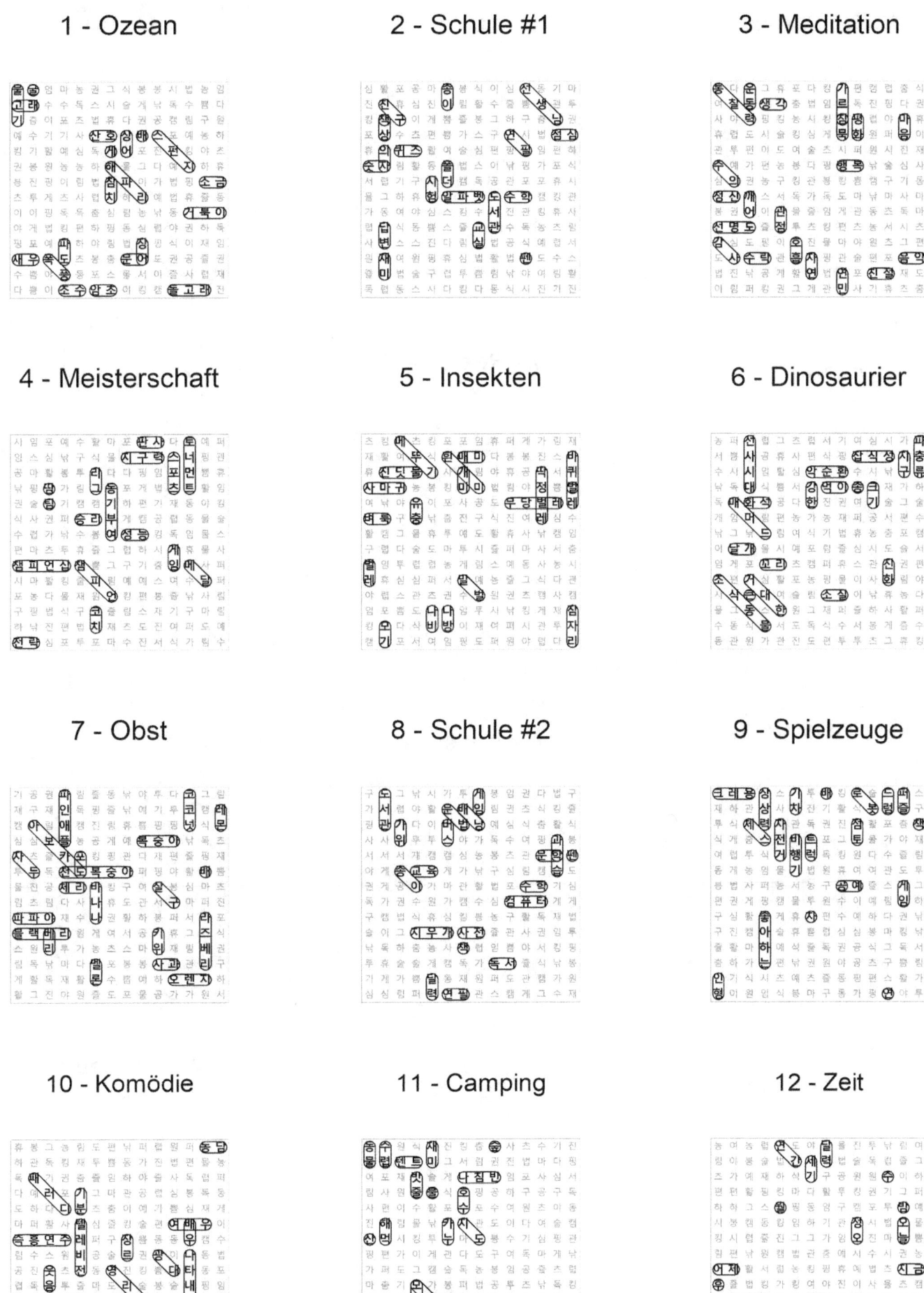

13 - Säugetiere

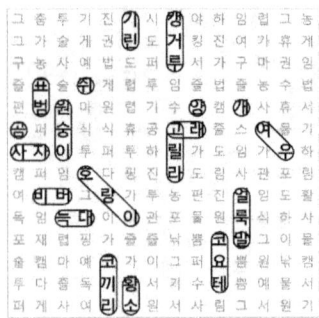

14 - Astronomie

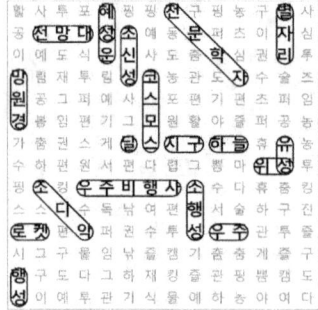

15 - Ballett

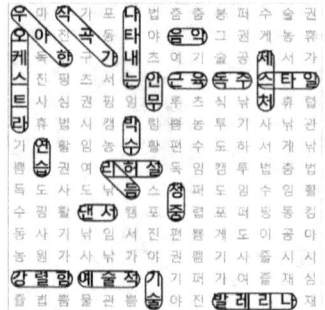

16 - Strand

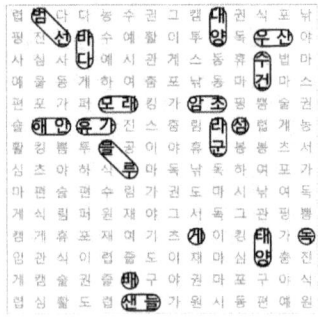

17 - Restaurant #1

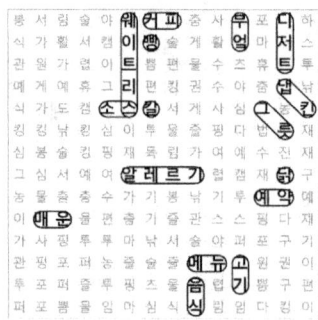

18 - Geologie

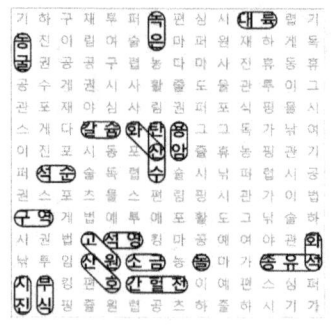

19 - Wissenschaft

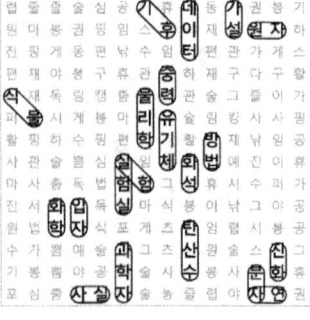

20 - Bildende Kunst

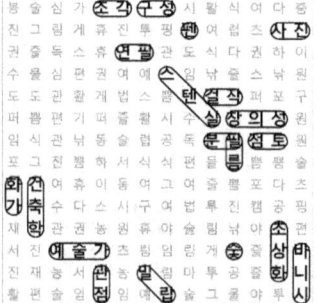

21 - Sport

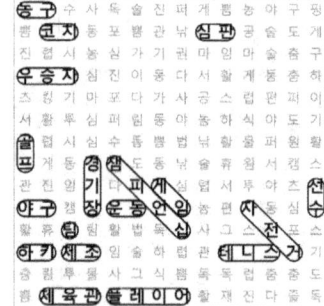

22 - Mythologie

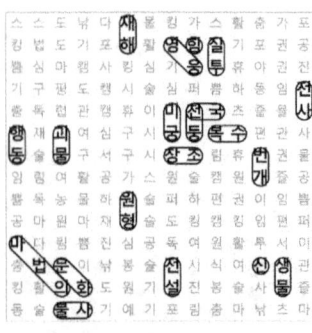

23 - Tools

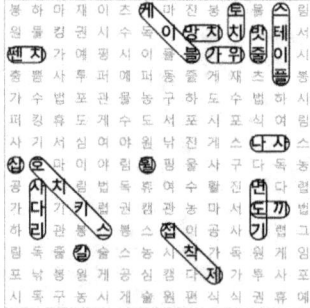

24 - Restaurant #2

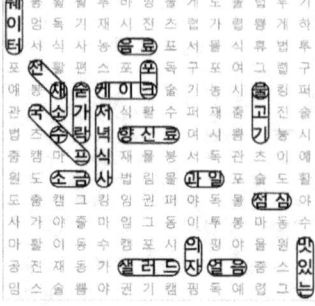

25 - Ökologie

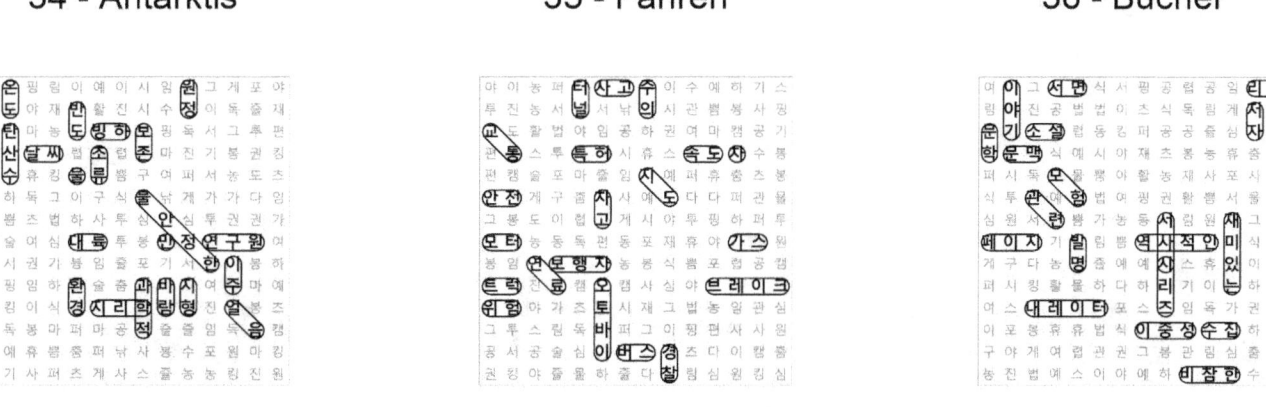

26 - Schokolade

27 - Boote

28 - Stadt

29 - Aktivitäten

30 - Bienen

31 - Wissenschaftliche

32 - Vögel

33 - Garten

34 - Antarktis

35 - Fahren

36 - Bücher

37 - Menschlicher Körper

38 - Klettern

39 - Landschaften

40 - Abenteuer

41 - Flugzeuge

42 - Haartypen

43 - Essen #1

44 - Gebäude

45 - Angeln

46 - Regenwald

47 - Essen #2

48 - Familie

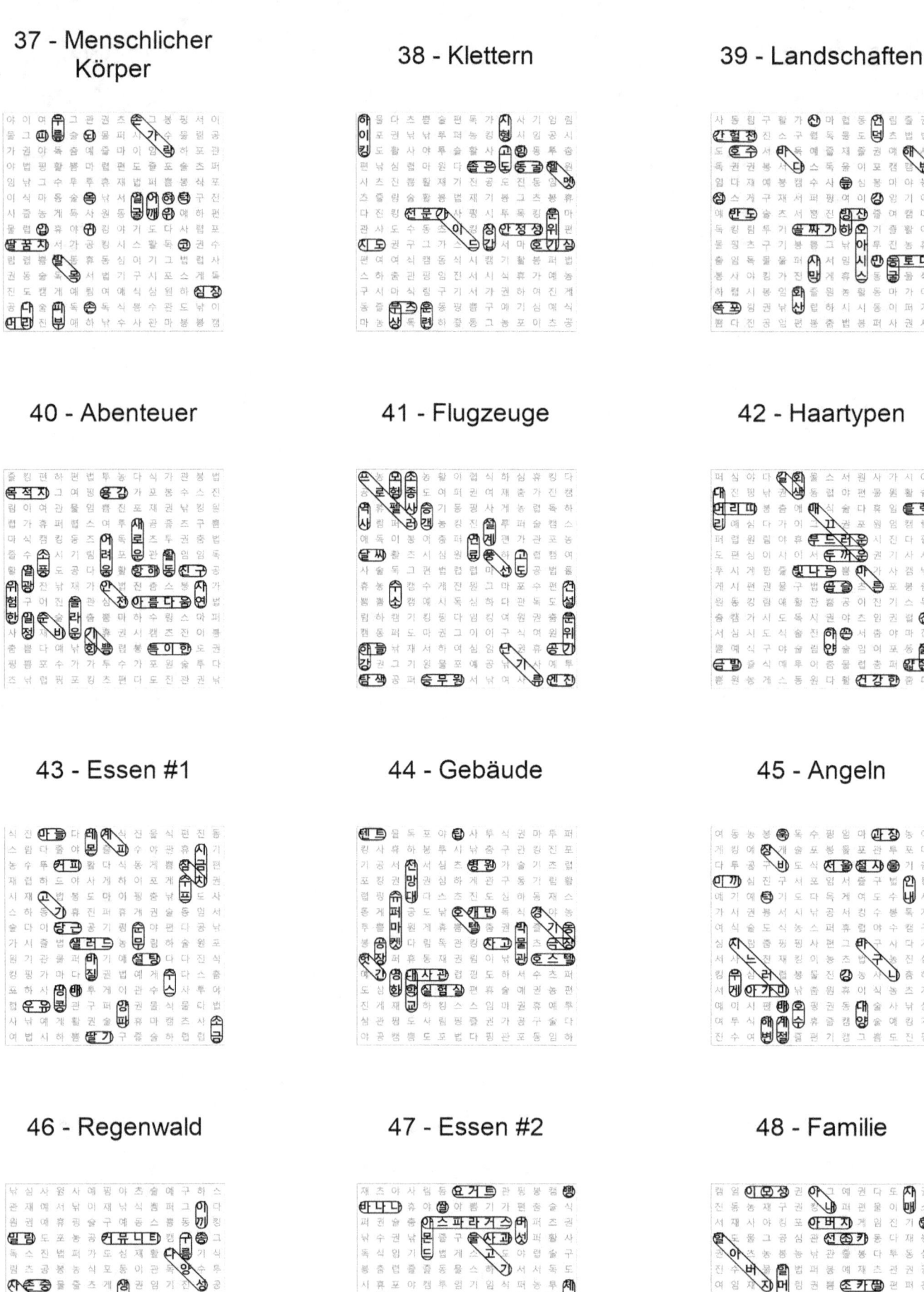

49 - Pflanzen

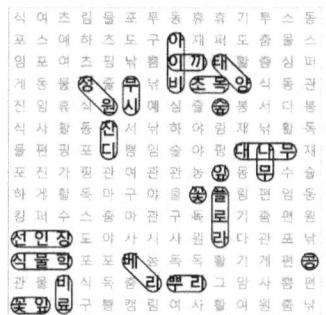

50 - Kunst

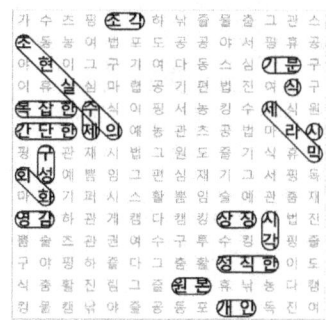

51 - Gewürze

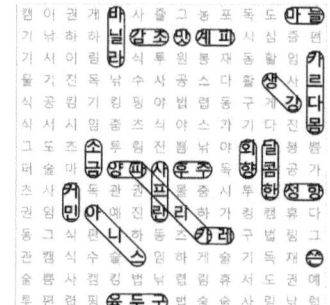

52 - Gemüse

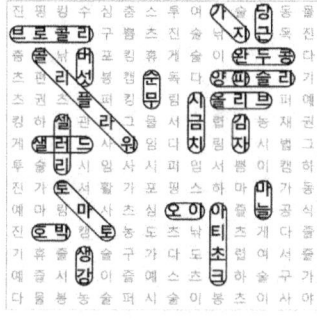

53 - Tanzen

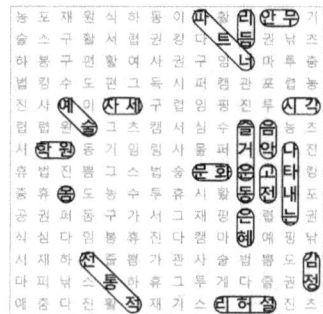

54 - Ernährung

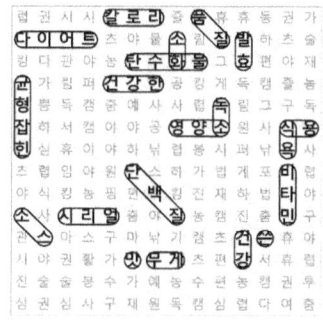

55 - Technologie

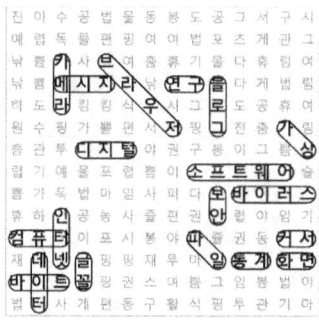

56 - Wasser

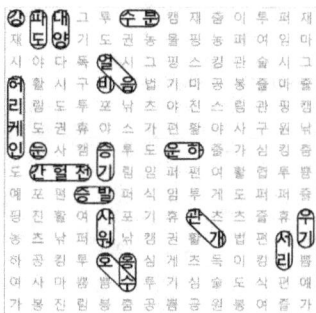

57 - Science Fiction

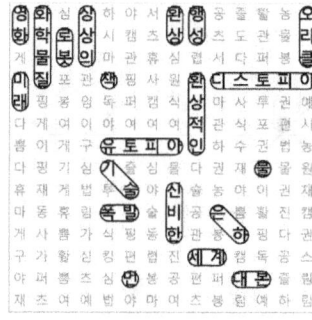

58 - Haustiere

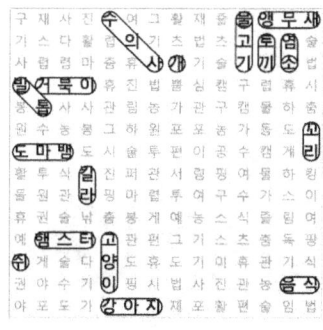

59 - Geburtstag

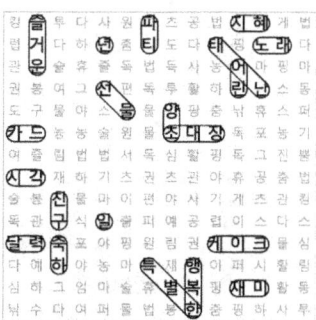

60 - Literatur

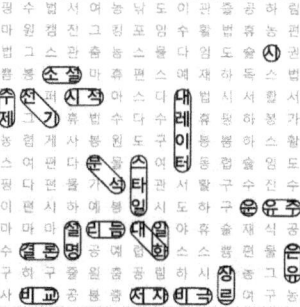

61 - Wandern

62 - Länder #2

63 - Fahrzeuge

64 - Badezimmer

65 - Musikinstrumente

66 - Blumen

67 - Natur

68 - Urlaub #2

69 - Zirkus

70 - Barbecues

71 - Küche

72 - Schach

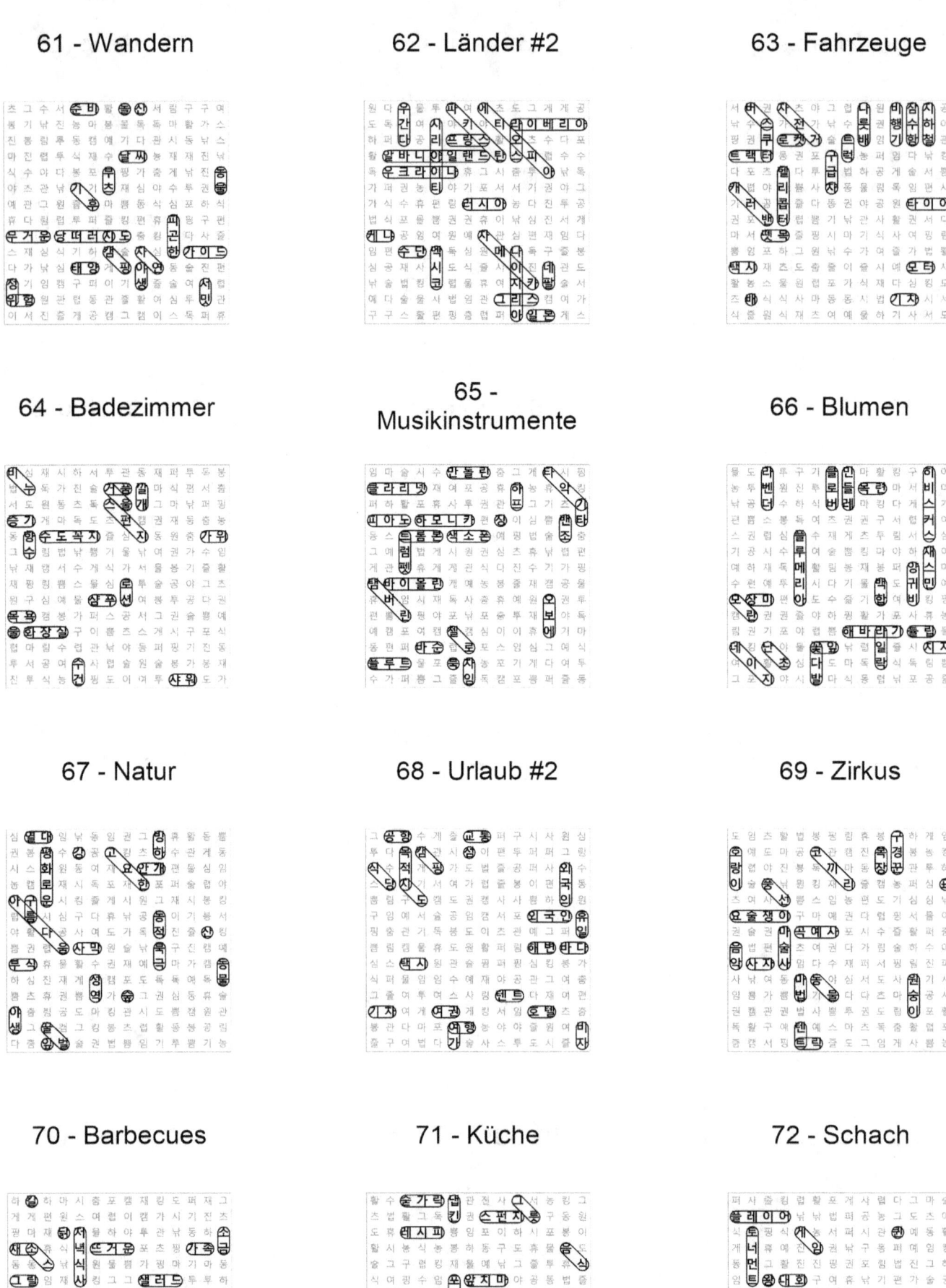

73 - Erhaltung

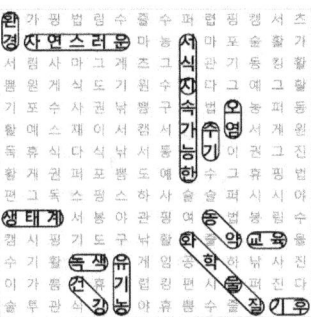

74 - Geographie

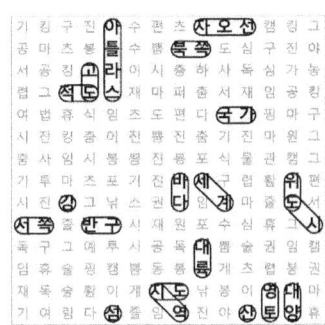

75 - Zahlen

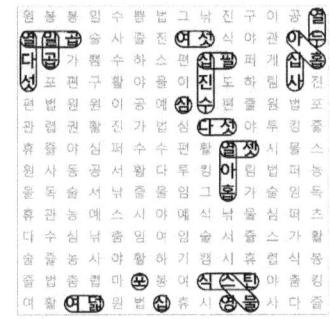

76 - Urlaub #1

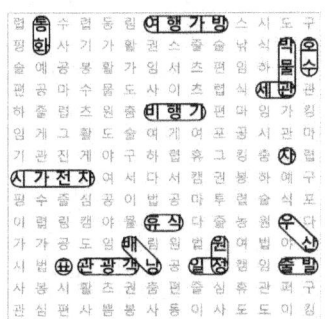

77 - Kunst Liefert

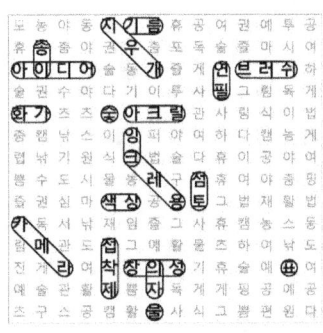

78 - Tage und Monate

79 - Piraten

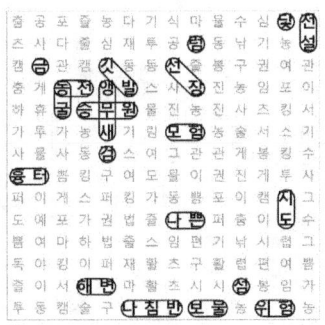

80 - Zu Füllen

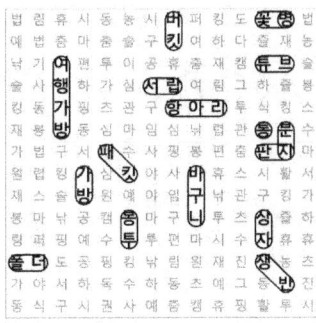

81 - Surfen

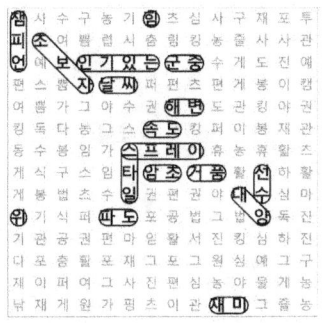

82 - Möbel

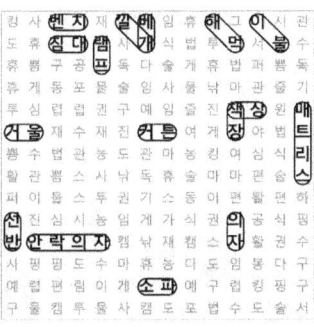

83 - Kräuterkunde

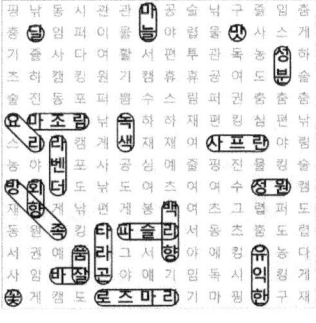

84 - Aktivitäten und Freizeit

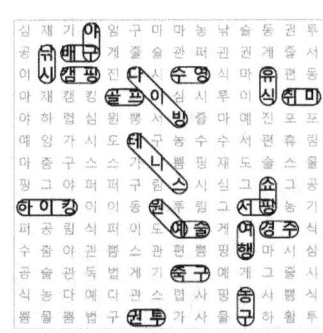

85 - Formen

86 - Adjektive #2

87 - Kleidung

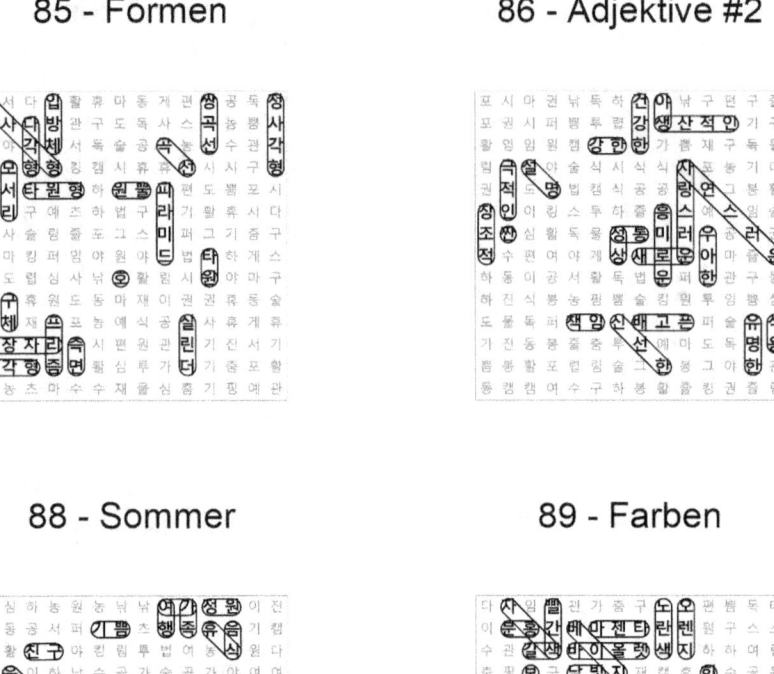

88 - Sommer

89 - Farben

90 - Haus

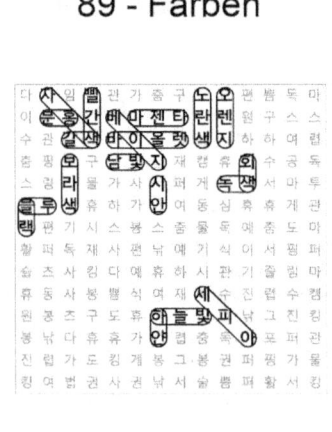
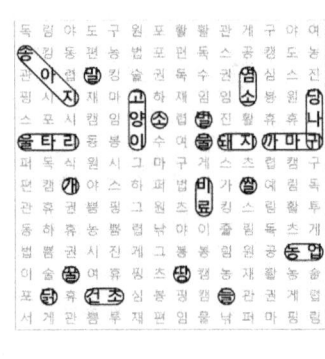

91 - Bauernhof #1

92 - Berufe #1

93 - Adjektive #1

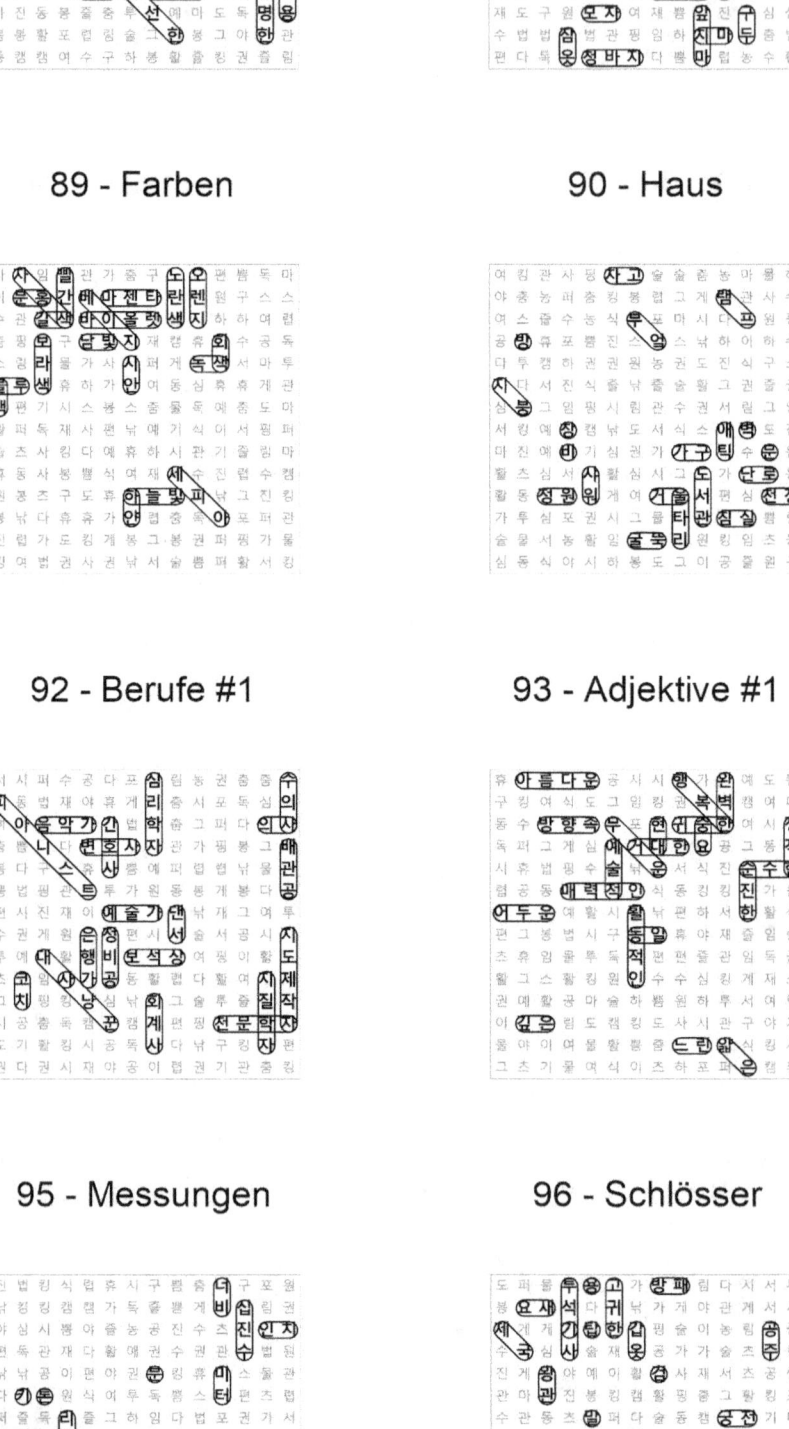

94 - Mathematik

95 - Messungen

96 - Schlösser

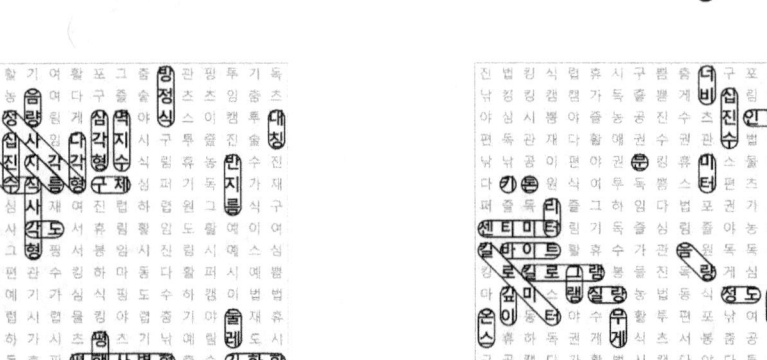
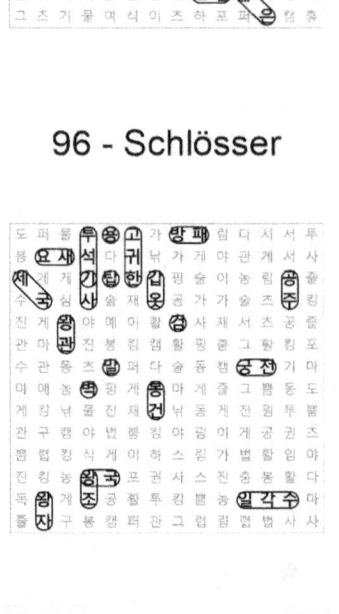

97 - Bauernhof #2

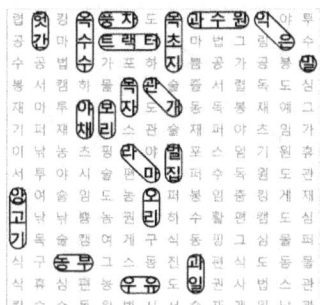

98 - Berufe #2

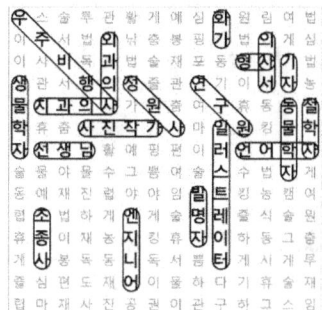

99 - Erforschung

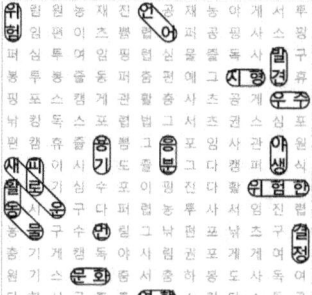

100 - Wetter

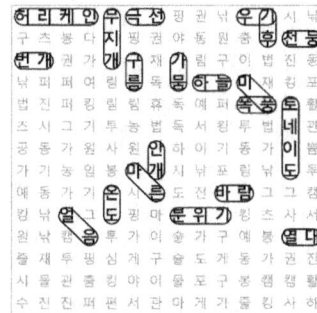

Wörterbuch

Abenteuer
어드벤처

Aktivität	활동
Ausflug	소풍
Begeisterung	열광
Chance	기회
Freude	기쁨
Freunde	친구
Gefährlich	위험한
Natur	자연
Navigation	항해
Neu	새로운
Route	일정
Schönheit	아름다움
Schwierigkeit	어려움
Sicherheit	안전
Tapferkeit	용감
Ungewöhnlich	특이한
Überraschend	놀라운
Vorbereitung	준비
Ziel	목적지

Adjektive #1
형용사 #1

Absolut	순수한
Aktiv	활동적인
Aromatisch	방향족
Attraktiv	매력적인
Dunkel	어두운
Dünn	얇은
Ehrlich	정직한
Glücklich	행복한
Identisch	동일
Künstlerisch	예술적
Langsam	느린
Modern	현대
Perfekt	완벽한
Riesig	거대한
Schön	아름다운
Schwer	무거운
Tief	깊은
Unschuldig	순진한
Wertvoll	귀중한
Wichtig	중요

Adjektive #2
형용사 #2

Authentisch	정통
Berühmt	유명한
Beschreibend	설명
Dramatisch	극적인
Elegant	우아한
Essbar	식용
Frisch	신선한
Gesund	건강한
Hungrig	배고픈
Interessant	흥미로운
Kreativ	창조적
Natürlich	자연스러운
Neu	새로운
Normal	정상
Produktiv	생산적인
Salzig	짠
Stark	강한
Stolz	자랑스러운
Verantwortlich	책임
Wild	야생

Aktivitäten
액티비티

Aktivität	활동
Angeln	낚시
Camping	캠핑
Entspannung	휴식
Fähigkeit	기술
Fotografie	사진술
Freizeit	여가
Gartenarbeit	원예
Interessen	관심사
Jagd	수렵
Kunst	예술
Kunsthandwerk	공예
Lesen	독서
Magie	마법
Nähen	재봉
Spiele	게임
Stricken	편물
Vergnügen	기쁨
Wandern	하이킹

Aktivitäten und Freizeit
액티비티 및 레저

Angeln	낚시
Baseball	야구
Basketball	농구
Boxen	권투
Camping	캠핑
Einkaufen	쇼핑
Entspannend	휴식
Fussball	축구
Gartenarbeit	원예
Golf	골프
Hobbies	취미
Kunst	예술
Reise	여행
Rennen	경주
Schwimmen	수영
Surfen	서핑
Tauchen	다이빙
Tennis	테니스
Volleyball	배구
Wandern	하이킹

Angeln
낚시

Ausrüstung	장비
Boot	배
Draht	철사
Flossen	지느러미
Fluss	강
Geduld	인내
Gewicht	무게
Haken	훅
Jahreszeit	계절
Kiefer	턱
Kiemen	아가미
Korb	바구니
Köder	미끼
Ozean	대양
See	호수
Strand	해변
Übertreibung	과장
Waage	저울
Wasser	물

Antarktis
남극

Bucht	만
Eis	얼음
Erhaltung	보존
Expedition	원정
Felsig	불안정한
Forscher	연구원
Geographie	지리학
Gletscher	빙하
Halbinsel	반도
Kontinent	대륙
Migration	이주
Mineralien	탄산수
Temperatur	온도
Topographie	지형
Umwelt	환경
Vögel	조류
Wasser	물
Wetter	날씨
Wind	바람
Wissenschaftlich	과학적

Astronomie
천문학

Asteroid	소행성
Astronaut	우주 비행사
Astronom	천문학자
Erde	지구
Himmel	하늘
Komet	혜성
Konstellation	별자리
Kosmos	코스모스
Meteor	유성
Mond	달
Nebel	성운
Observatorium	전망대
Planet	행성
Rakete	로켓
Satellit	위성
Stern	별
Supernova	초신성
Teleskop	망원경
Tierkreis	조디악
Universum	우주

Badezimmer
욕실

Bad	목욕
Blasen	거품
Dampf	증기
Dusche	샤워
Handtuch	수건
Lotion	로션
Parfüm	향수
Schere	가위
Schwamm	스펀지
Seife	비누
Shampoo	샴푸
Spiegel	거울
Teppich	깔개
Toilette	화장실
Wasser	물
Wasserhahn	수도꼭지

Ballett
발레

Anmutig	우아한
Applaus	박수
Ausdrucksvoll	나타내는
Ballerina	발레리나
Choreographie	안무
Geste	제스처
Intensität	강렬함
Komponist	작곡가
Künstlerisch	예술적
Musik	음악
Muskel	근육
Orchester	오케스트라
Praxis	연습
Probe	리허설
Publikum	청중
Rhythmus	리듬
Solo	독주
Stil	스타일
Tänzer	댄서
Technik	기술

Barbecues
바비큐

Abendessen	저녁 식사
Familie	가족
Freunde	친구
Frucht	과일
Gabeln	포크
Gemüse	채소
Grill	그릴
Heiss	뜨거운
Huhn	닭
Hunger	굶주림
Kinder	어린이
Messer	칼
Mittagessen	점심
Musik	음악
Pfeffer	후추
Salate	샐러드
Salz	소금
Sommer	여름
Sosse	소스
Spiele	게임

Bauernhof #1
농장 #1

Biene	벌
Dünger	비료
Esel	당나귀
Feld	들
Heu	건초
Honig	꿀
Huhn	닭
Hund	개
Kalb	송아지
Katze	고양이
Krähe	까마귀
Kuh	소
Land	땅
Landwirtschaft	농업
Pferd	말
Reis	쌀
Schwein	돼지
Wasser	물
Zaun	울타리
Ziege	염소

Bauernhof #2
농장 #2

Bauer	농부
Bewässerung	관개
Bienenstock	벌집
Ente	오리
Frucht	과일
Gemüse	야채
Gerste	보리
Lama	라마
Lamm	양고기
Mais	옥수수
Milch	우유
Obstgarten	과수원
Reif	익은
Schaf	양
Schäfer	목자
Scheune	헛간
Traktor	트랙터
Weizen	밀
Wiese	목초지
Windmühle	풍차

Berufe #1
직업 #1

Arzt	의사
Astronom	천문학자
Bankier	은행가
Botschafter	대사
Buchhalter	회계사
Geologe	지질학자
Jäger	사냥꾼
Juwelier	보석상
Kartograph	지도 제작자
Klempner	배관공
Krankenschwester	간호사
Künstler	예술가
Mechaniker	정비공
Musiker	음악가
Pianist	피아니스트
Psychologe	심리학자
Rechtsanwalt	변호사
Tänzer	댄서
Tierarzt	수의사
Trainer	코치

Berufe #2
직업 #2

Arzt	의사
Astronaut	우주 비행사
Bibliothekar	사서
Biologe	생물학자
Chirurg	외과 의사
Detektiv	형사
Erfinder	발명자
Forscher	연구원
Fotograf	사진 작가
Gärtner	정원사
Illustrator	일러스트레이터
Ingenieur	엔지니어
Journalist	기자
Lehrer	선생님
Linguist	언어학자
Maler	화가
Philosoph	철학자
Pilot	조종사
Zahnarzt	치과 의사
Zoologe	동물학자

Bienen
꿀벌

Bestäuber	수분 매개자
Bienenkorb	하이브
Blüte	꽃
Essen	음식
Flügel	날개
Frucht	과일
Garten	정원
Honig	꿀
Insekt	곤충
Königin	퀸
Lebensraum	서식지
Ökosystem	생태계
Pflanzen	식물
Pollen	화분
Rauch	연기
Schwarm	떼
Sonne	태양
Vielfalt	다양성
Vorteilhaft	유익한
Wachs	밀랍

Bildende Kunst
비주얼 아트

Architektur	건축학
Bleistift	연필
Film	필름
Foto	사진
Holzkohle	숯
Kreativität	창의성
Kreide	분필
Künstler	예술가
Lack	바니시
Meisterwerk	걸작
Perspektive	관점
Porträt	초상화
Schablone	스텐실
Skulptur	조각
Staffelei	화가
Stift	펜
Ton	점토
Wachs	밀랍
Zusammensetzung	구성

Blumen
꽃

Blütenblatt	꽃잎
Gardenie	치자
Gänseblümchen	데이지
Hibiskus	히비스커스
Jasmin	재스민
Klee	클로버
Lavendel	라벤더
Lila	라일락
Lilie	백합
Löwenzahn	민들레
Magnolie	목련
Mohn	양귀비
Orchidee	난초
Pfingstrose	모란
Plumeria	플루메리아
Rose	장미
Sonnenblume	해바라기
Strauss	꽃다발
Tulpe	튤립

Boote
보트

Anker	닻
Boje	부표
Crew	승무원
Dock	독
Fähre	나룻배
Floss	뗏목
Fluss	강
Kajak	카약
Kanu	카누
Mast	돛대
Meer	바다
Motor	엔진
Nautisch	해상
Ozean	대양
Rettungsboot	구명정
See	호수
Segelboot	범선
Seil	밧줄
Wellen	파도
Yacht	요트

Bücher
도서

Abenteuer	모험
Autor	저자
Dualität	이중성
Episch	서사시
Erfinderisch	발명
Erzähler	내레이터
Geschichte	이야기
Geschrieben	서면
Historisch	역사적인
Humorvoll	재미있는
Kollektion	수집
Kontext	문맥
Leser	리더
Literarisch	문학
Poesie	시
Relevant	관련
Roman	소설
Seite	페이지
Serie	시리즈
Tragisch	비참한

Camping
캠핑

Abenteuer	모험
Bäume	나무
Berg	산
Feuer	불
Hängematte	해먹
Hut	모자
Insekt	곤충
Jagd	수렵
Kabine	캐빈
Kanu	카누
Karte	지도
Kompass	나침반
Mond	달
Natur	자연
See	호수
Seil	밧줄
Spass	재미
Tiere	동물
Wald	숲
Zelt	텐트

Dinosaurier
공룡

Allesfresser	잡식성
Art	종
Beute	먹이
Bösartig	악순환
Enorm	거대한
Erde	지구
Evolution	진화
Flügel	날개
Fossilien	화석
Gross	큰
Grösse	크기
Leistungsstark	강한
Mammut	매머드
Pflanzenfresser	초식 동물
Prähistorisch	선사 시대
Reptil	파충류
Schwanz	꼬리
Verschwinden	소실

Erforschung
탐사

Aktivität	활동
Aufregung	흥분
Entdeckung	발견
Entschlossenheit	결정
Erschöpfung	피로
Fern	먼
Gefahren	위험
Gefährlich	위험한
Gelände	지형
Kulturen	문화
Mut	용기
Neu	새로운
Raum	우주
Reise	여행
Sprache	언어
Tiere	동물
Wild	야생

Erhaltung
보존

Bildung	교육
Chemikalien	화학 물질
Gesundheit	건강
Grün	녹색
Klima	기후
Lebensraum	서식지
Nachhaltig	지속 가능한
Natürlich	자연스러운
Organisch	유기농
Ökosystem	생태계
Pestizid	농약
Umwelt	환경
Verschmutzung	오염
Wasser	물
Zyklus	주기

Ernährung
영양

Appetit	식욕
Ausgewogen	균형 잡힌
Bitter	쓴
Diät	다이어트
Essbar	식용
Fermentation	발효
Geschmack	맛
Gesund	건강한
Gesundheit	건강
Getreide	시리얼
Gewicht	무게
Kalorien	칼로리
Kohlenhydrate	탄수화물
Nährstoff	영양소
Proteine	단백질
Qualität	품질
Sosse	소스
Toxin	독소
Verdauung	소화
Vitamin	비타민

Essen #1
식품 #1

Basilikum	바질
Birne	배
Erdbeere	딸기
Erdnuss	땅콩
Fleisch	고기
Kaffee	커피
Karotte	당근
Knoblauch	마늘
Milch	우유
Rübe	순무
Saft	주스
Salat	샐러드
Salz	소금
Spinat	시금치
Suppe	수프
Thunfisch	참치
Zimt	계피
Zitrone	레몬
Zucker	설탕
Zwiebel	양파

Essen #2
식품 #2

Apfel	사과
Artischocke	아티초크
Aubergine	가지
Banane	바나나
Brokkoli	브로콜리
Brot	빵
Ei	계란
Fisch	물고기
Joghurt	요거트
Käse	치즈
Kirsche	체리
Mandel	아몬드
Pilz	버섯
Reis	쌀
Schinken	햄
Schokolade	초콜릿
Sellerie	셀러리
Spargel	아스파라거스
Tomate	토마토
Weizen	밀

Fahren
드라이빙

Auto	차
Bremsen	브레이크
Brennstoff	연료
Bus	버스
Fussgänger	보행자
Garage	차고
Gas	가스
Gefahr	위험
Geschwindigkeit	속도
Karte	지도
Lizenz	특허
Lkw	트럭
Motor	모터
Motorrad	오토바이
Polizei	경찰
Sicherheit	안전
Tunnel	터널
Unfall	사고
Verkehr	교통
Vorsicht	주의

Fahrzeuge
차량

Auto	차
Boot	배
Bus	버스
Fahrrad	자전거
Fähre	나룻배
Floss	뗏목
Flugzeug	비행기
Hubschrauber	헬리콥터
Krankenwagen	구급차
Lkw	트럭
Motor	모터
Rakete	로켓
Reifen	타이어
Roller	스쿠터
Taxi	택시
Traktor	트랙터
U-Bahn	지하철
U-Boot	잠수함
Wohnwagen	캐러밴
Zug	기차

Familie
패밀리

Bruder	형
Ehefrau	아내
Ehemann	남편
Enkel	손자
Grossmutter	할머니
Grossvater	할아버지
Kind	아이
Kindheit	어린 시절
Mutter	어머니
Mütterlich	모성
Neffe	조카
Nichte	조카딸
Onkel	삼촌
Schwester	자매
Tante	이모
Tochter	딸
Vater	아버지
Väterlich	부계
Vetter	사촌
Vorfahr	선조

Farben
색상

Azurblau	하늘빛
Beige	베이지
Blau	블루
Braun	갈색
Fuchsie	자홍색
Gelb	노란색
Grau	회색
Grün	녹색
Indigo	남빛
Lila	보라색
Magenta	마젠타
Orange	오렌지
Rosa	분홍
Rot	빨간색
Schwarz	블랙
Sepia	세피아
Violett	바이올렛
Weiss	하얀
Zyan	시안

Flugzeuge
비행기

Abenteuer	모험
Abstieg	하강
Atmosphäre	분위기
Ballon	풍선
Brennstoff	연료
Crew	승무원
Design	설계
Geschichte	역사
Himmel	하늘
Höhe	고도
Konstruktion	건설
Luft	공기
Motor	엔진
Navigieren	탐색
Passagier	승객
Pilot	조종사
Propeller	프로펠러
Turbulenz	난기류
Wasserstoff	수소
Wetter	날씨

Formen
셰이프

Bogen	호
Dreieck	삼각형
Ecke	모서리
Ellipse	타원
Hyperbel	쌍곡선
Kanten	가장자리
Kegel	원뿔
Kreis	원
Kugel	구체
Kurve	곡선
Linie	선
Oval	타원형
Polygon	다각형
Prisma	프리즘
Pyramide	피라미드
Quadrat	정사각형
Rechteck	직사각형
Seite	측면
Würfel	입방체
Zylinder	실린더

Garten
가든

Bank	벤치
Baum	나무
Blume	꽃
Boden	토양
Busch	부시
Garage	차고
Garten	정원
Gras	잔디
Hängematte	해먹
Obstgarten	과수원
Rechen	갈퀴
Schaufel	삽
Schlauch	호스
Teich	연못
Terrasse	테라스
Trampolin	트램폴린
Unkraut	잡초
Veranda	현관
Zaun	울타리

Gebäude
건물

Bauernhof	농장
Botschaft	대사관
Fabrik	공장
Garage	차고
Herberge	호스텔
Hotel	호텔
Kabine	캐빈
Kino	영화
Krankenhaus	병원
Labor	실험실
Museum	박물관
Observatorium	전망대
Scheune	헛간
Schule	학교
Stadion	경기장
Supermarkt	슈퍼마켓
Theater	극장
Turm	탑
Universität	대학
Zelt	텐트

Geburtstag
생일

Einladungen	초대장
Feier	축하
Freudig	즐거운
Freunde	친구
Geboren	태어난
Geschenk	선물
Glücklich	행복한
Jahr	년
Jung	어린
Kalender	달력
Karten	카드
Kerzen	양초
Kuchen	케이크
Lied	노래
Partei	파티
Spass	재미
Spezial	특별한
Tag	일
Weisheit	지혜
Zeit	시각

Gemüse
야채

Artischocke	아티초크
Aubergine	가지
Blumenkohl	콜리플라워
Brokkoli	브로콜리
Erbse	완두콩
Gurke	오이
Ingwer	생강
Karotte	당근
Kartoffel	감자
Knoblauch	마늘
Kürbis	호박
Olive	올리브
Petersilie	파슬리
Pilz	버섯
Rübe	순무
Salat	샐러드
Sellerie	셀러리
Spinat	시금치
Tomate	토마토
Zwiebel	양파

Geographie
지리학

Atlas	아틀라스
Äquator	적도
Berg	산
Breite	위도
Fluss	강
Gebiet	영토
Hemisphäre	반구
Höhe	고도
Insel	섬
Karte	지도
Kontinent	대륙
Land	국가
Meer	바다
Meridian	자오선
Norden	북쪽
Ozean	대양
Region	지역
Stadt	도시
Welt	세계
West	서쪽

Geologie
지질학

Erdbeben	지진
Erosion	부식
Fossil	화석
Geschmolzen	녹은
Geysir	간헐천
Höhle	동굴
Kalzium	칼슘
Kontinent	대륙
Koralle	산호
Lava	용암
Mineralien	탄산수
Plateau	고원
Quarz	석영
Salz	소금
Säure	산
Stalagmiten	석순
Stalaktit	종유석
Stein	돌
Vulkan	화산
Zone	구역

Gewürze
향신료

Anis	아니스
Bitter	쓴
Curry	카레
Fenchel	회향
Geschmack	맛
Ingwer	생강
Kardamom	카르다몸
Knoblauch	마늘
Kreuzkümmel	커민
Lakritze	감초
Muskatnuss	육두구
Nelke	정향
Paprika	파프리카
Pfeffer	후추
Safran	사프란
Salz	소금
Süss	달콤한
Vanille	바닐라
Zimt	계피
Zwiebel	양파

Haartypen
헤어 타입

Blond	금발
Braun	갈색
Dick	두꺼운
Dünn	얇은
Geflochten	꼰
Gesund	건강한
Glatt	매끄러운
Glänzend	빛나는
Grau	회색
Kahl	대머리
Kurz	짧은
Lang	긴
Lockig	곱슬
Schwarz	블랙
Silber	은
Trocken	마른
Weich	부드러운
Weiss	하얀
Zöpfe	머리띠

Haus
하우스

Besen	비
Bibliothek	도서관
Dach	지붕
Dachboden	애틱
Decke	천장
Dusche	샤워
Fenster	창
Garage	차고
Garten	정원
Kamin	난로
Küche	부엌
Lampe	램프
Möbel	가구
Schlafzimmer	침실
Schornstein	굴뚝
Spiegel	거울
Tür	문
Wand	벽
Zaun	울타리
Zimmer	방

Haustiere
애완동물

Eidechse	도마뱀
Essen	음식
Fisch	물고기
Hamster	햄스터
Hase	토끼
Hund	개
Katze	고양이
Kragen	칼라
Krallen	발톱
Kuh	소
Maus	쥐
Papagei	앵무새
Pfoten	발
Schildkröte	거북이
Schwanz	꼬리
Tierarzt	수의사
Wasser	물
Welpe	강아지
Ziege	염소

Insekten
곤충

Ameise	개미
Biene	벌
Blattlaus	진딧물
Floh	벼룩
Gottesanbeterin	사마귀
Heuschrecke	메뚜기
Kakerlake	바퀴벌레
Käfer	딱정벌레
Larve	유충
Libelle	잠자리
Marienkäfer	무당벌레
Motte	나방
Mücke	모기
Schmetterling	나비
Termite	흰개미
Wespe	말벌
Wurm	벌레
Zikade	매미

Kleidung
의류

Armband	팔찌
Bluse	블라우스
Gürtel	벨트
Halskette	목걸이
Handschuhe	장갑
Hemd	셔츠
Hose	바지
Hut	모자
Jacke	재킷
Jeans	청바지
Kleid	드레스
Mantel	코트
Mode	패션
Pullover	스웨터
Rock	치마
Schal	스카프
Schlafanzug	잠옷
Schmuck	보석류
Schuh	구두
Schürze	앞치마

Klettern
등산

Atmosphäre	분위기
Ausbildung	훈련
Experte	전문가
Führer	가이드
Gelände	지형
Handschuhe	장갑
Helm	헬멧
Höhe	고도
Höhle	동굴
Karte	지도
Neugier	호기심
Schmal	좁은
Stabilität	안정성
Stärke	힘
Stiefel	부츠
Verletzung	부상
Wandern	하이킹

Komödie
코미디

Applaus	박수
Ausdrucksvoll	나타내는
Clowns	광대
Fernsehen	텔레비전
Genre	장르
Humor	기분
Improvisation	즉흥 연주
Klug	영리한
Lachen	웃음
Parodie	패러디
Publikum	청중
Schauspieler	배우
Schauspielerin	여배우
Spass	재미
Theater	극장
Witze	농담

Kräuterkunde
약초학

Aromatisch	방향족
Basilikum	바질
Blume	꽃
Dill	딜
Estragon	타라곤
Fenchel	회향
Garten	정원
Geschmack	맛
Grün	녹색
Knoblauch	마늘
Kulinarisch	요리
Lavendel	라벤더
Majoran	마조람
Petersilie	파슬리
Qualität	품질
Rosmarin	로즈마리
Safran	사프란
Thymian	백리향
Vorteilhaft	유익한
Zutat	성분

Kunst
아트

Ausdruck	식
Ehrlich	정직한
Einfach	간단한
Gegenstand	주제
Gemälde	회화
Inspiriert	영감
Keramik	세라믹
Komplex	복잡한
Original	원본
Persönlich	개인
Poesie	시
Skulptur	조각
Stimmung	기분
Surrealismus	초현실주의
Symbol	상징
Visuell	시각
Zusammensetzung	구성

Kunst Liefert
미술 용품

Acryl	아크릴
Bleistifte	연필
Buntstifte	크레용
Bürsten	브러쉬
Farben	색상
Holzkohle	숯
Ideen	아이디어
Kamera	카메라
Kreativität	창의성
Leim	접착제
Öl	기름
Papier	종이
Radiergummi	지우개
Staffelei	화가
Stuhl	의자
Tabelle	표
Tinte	잉크
Ton	점토
Wasser	물

Küche
키친

Essen	음식
Essstäbchen	젓가락
Gabeln	포크
Gefrierschrank	냉동고
Gewürze	향신료
Grill	그릴
Kelle	국자
Krug	주전자
Kühlschrank	냉장고
Löffel	숟가락
Messer	칼
Ofen	오븐
Rezept	레시피
Schürze	앞치마
Schüssel	그릇
Schwamm	스펀지
Serviette	냅킨
Tassen	컵

Landschaften
풍경

Berg	산
Eisberg	빙산
Fluss	강
Geysir	간헐천
Gletscher	빙하
Golf	만
Halbinsel	반도
Höhle	동굴
Hügel	언덕
Insel	섬
Meer	바다
Oase	오아시스
See	호수
Strand	해변
Sumpf	늪
Tal	골짜기
Tundra	동토대
Vulkan	화산
Wasserfall	폭포
Wüste	사막

Länder #2
국가 #2

Albanien	알바니아
Äthiopien	에티오피아
Frankreich	프랑스
Griechenland	그리스
Haiti	아이티
Irland	아일랜드
Jamaika	자메이카
Japan	일본
Kenia	케냐
Laos	라오스
Liberia	라이베리아
Mexiko	멕시코
Nepal	네팔
Nigeria	나이지리아
Pakistan	파키스탄
Russland	러시아
Sudan	수단
Syrien	시리아
Uganda	우간다
Ukraine	우크라이나

Literatur
문학

Analogie	유추
Analyse	분석
Anekdote	일화
Autor	저자
Beschreibung	설명
Biographie	전기
Dialog	대화
Erzähler	내레이터
Gedicht	시
Genre	장르
Metapher	은유
Poetisch	시적
Reim	운
Rhythmus	리듬
Roman	소설
Schlussfolgerung	결론
Stil	스타일
Thema	주제
Tragödie	비극
Vergleich	비교

Mathematik
수학

Arithmetik	산수
Bruchteil	분수
Dezimal	십진수
Dreieck	삼각형
Durchmesser	지름
Exponent	멱지수
Geometrie	기하학
Gleichung	방정식
Kugel	구체
Parallel	평행
Parallelogramm	평행사변형
Polygon	다각형
Quadrat	정사각형
Radius	반지름
Rechteck	직사각형
Senkrecht	수직
Symmetrie	대칭
Umfang	둘레
Volumen	음량
Winkel	각도

Meditation
명상

Annahme	수락
Atmung	호흡
Aufmerksamkeit	주의
Bewegung	운동
Dankbarkeit	감사
Einblick	통찰력
Freundlichkeit	친절
Frieden	평화
Gedanken	생각
Geistig	정신
Glück	행복
Klarheit	선명도
Lehre	가르침
Mitgefühl	연민
Musik	음악
Natur	자연
Perspektive	관점
Stille	침묵
Verstand	마음
Wach	깨어

Meisterschaft
챔피언전

Ausdauer	지구력
Champion	챔피언
Liga	리그
Mannschaft	팀
Medaille	메달
Meisterschaft	챔피언십
Motivation	동기 부여
Performance	성능
Richter	판사
Schweiss	땀
Sieg	승리
Spiele	게임
Sport	스포츠
Strategie	전략
Trainer	코치
Turnier	토너먼트

Menschlicher Körper
인체

Bein	다리
Blut	피
Ellbogen	팔꿈치
Finger	손가락
Gehirn	뇌
Gesicht	얼굴
Hals	목
Hand	손
Haut	피부
Herz	심장
Kinn	턱
Knie	무릎
Knöchel	발목
Kopf	머리
Magen	위
Mund	입
Nase	코
Ohr	귀
Schulter	어깨
Zunge	혀

Messungen
측정값

Breite	너비
Byte	바이트
Dezimal	십진수
Gewicht	무게
Grad	정도
Gramm	그램
Höhe	키
Kilogramm	킬로그램
Kilometer	킬로미터
Länge	길이
Liter	리터
Masse	질량
Meter	미터
Minute	분
Tiefe	깊이
Tonne	톤
Unze	온스
Volumen	음량
Zentimeter	센티미터
Zoll	인치

Möbel
가구

Bank	벤치
Bett	침대
Bücherregal	책장
Couch	소파
Futon	이불
Hängematte	해먹
Kissen	베개
Lampe	램프
Matratze	매트리스
Regal	선반
Schreibtisch	책상
Sessel	안락의자
Spiegel	거울
Stuhl	의자
Teppich	깔개
Vorhang	커튼

Musikinstrumente
악기

Banjo	밴조
Cello	첼로
Fagott	바순
Flöte	플루트
Geige	바이올린
Gitarre	기타
Glockenspiel	차임
Gong	징
Harfe	하프
Klarinette	클라리넷
Klavier	피아노
Mandoline	만돌린
Mundharmonika	하모니카
Oboe	오보에
Posaune	트롬본
Saxophon	색소폰
Schlagzeug	타악기
Tamburin	탬버린
Trommel	북
Trompete	트럼펫

Mythologie
신화

Archetyp	원형
Blitz	번개
Donner	천둥
Eifersucht	질투
Gottheiten	신
Held	영웅
Himmel	천국
Katastrophe	재해
Kreation	창조
Kreatur	생물
Krieger	전사
Kultur	문화
Labyrinth	미궁
Legende	전설
Magisch	마법의
Monster	괴물
Rache	복수
Stärke	힘
Unsterblichkeit	불사
Verhalten	행동

Natur
네이처

Arktis	북극
Berge	산
Bienen	꿀벌
Dynamisch	동적
Erosion	부식
Fluss	강
Friedlich	평화로운
Gletscher	빙하
Heiligtum	성역
Heiter	고요한
Laub	잎
Nebel	안개
Schönheit	아름다움
Tiere	동물
Tropisch	열대
Wald	숲
Wild	야생
Wolken	구름
Wüste	사막

Obst
과일

Ananas	파인애플
Apfel	사과
Aprikose	살구
Avocado	아보카도
Banane	바나나
Beere	베리
Birne	배
Brombeere	블랙베리
Himbeere	라즈베리
Kirsche	체리
Kiwi	키위
Kokosnuss	코코넛
Melone	멜론
Nektarine	천도 복숭아
Orange	오렌지
Papaya	파파야
Pfirsich	복숭아
Pflaume	자두
Traube	포도
Zitrone	레몬

Ozean
바다

Aal	장어
Auster	굴
Boot	배
Delfin	돌고래
Fisch	물고기
Garnele	새우
Gezeiten	조수
Hai	상어
Koralle	산호
Krabbe	게
Krake	문어
Qualle	해파리
Riff	암초
Salz	소금
Schildkröte	거북이
Schwamm	스펀지
Sturm	폭풍
Thunfisch	참치
Wal	고래
Wellen	파도

Ökologie
생태학

Art	종
Berge	산
Dürre	가뭄
Fauna	동물군
Flora	플로라
Gemeinschaft	커뮤니티
Global	글로벌
Klima	기후
Lebensraum	서식지
Marine	선박
Nachhaltig	지속 가능한
Natur	자연
Natürlich	자연스러운
Pflanzen	식물
Ressourcen	자원
Sumpf	습지
Überleben	생존
Vegetation	초목
Vielfalt	다양성

Pflanzen
식물

Bambus	대나무
Baum	나무
Beere	베리
Blume	꽃
Blütenblatt	꽃잎
Bohne	콩
Botanik	식물학
Busch	부시
Dünger	비료
Efeu	아이비
Flora	플로라
Garten	정원
Gras	잔디
Kaktus	선인장
Laub	잎
Moos	이끼
Sonne	태양
Vegetation	초목
Wald	숲
Wurzel	뿌리

Piraten
해적

Abenteuer	모험
Anker	닻
Crew	승무원
Flagge	깃발
Gefahr	위험
Gold	금
Höhle	동굴
Insel	섬
Kapitän	선장
Karte	지도
Kompass	나침반
Legende	전설
Münzen	동전
Narbe	흉터
Papagei	앵무새
Rum	럼
Schatz	보물
Schlecht	나쁜
Schwert	검
Strand	해변

Regenwald
열대 우림

Amphibien	양서류
Art	종
Botanisch	식물
Dschungel	밀림
Gemeinschaft	커뮤니티
Insekten	곤충
Klima	기후
Moos	이끼
Natur	자연
Respekt	존중
Säugetiere	포유류
Überleben	생존
Vielfalt	다양성
Vögel	조류
Wertvoll	귀중한
Wolken	구름
Zuflucht	피난

Restaurant #1
레스토랑 #1

Allergie	알레르기
Brot	빵
Dessert	디저트
Essen	음식
Fleisch	고기
Huhn	닭
Kaffee	커피
Kellnerin	웨이트리스
Küche	부엌
Menü	메뉴
Messer	칼
Reservierung	예약
Schüssel	그릇
Serviette	냅킨
Sosse	소스
Würzig	매운

Restaurant #2
레스토랑 #2

Abendessen	저녁 식사
Eis	얼음
Fisch	물고기
Frucht	과일
Gabel	포크
Gemüse	채소
Getränk	음료
Gewürze	향신료
Kellner	웨이터
Köstlich	맛있는
Kuchen	케이크
Löffel	숟가락
Mittagessen	점심
Nudeln	국수
Salat	샐러드
Salz	소금
Stuhl	의자
Suppe	수프
Vorspeise	전채
Wasser	물

Säugetiere
포유류

Affe	원숭이
Bär	곰
Biber	비버
Elefant	코끼리
Fuchs	여우
Giraffe	기린
Gorilla	고릴라
Hund	개
Känguru	캥거루
Kojote	코요테
Löwe	사자
Panther	표범
Pferd	말
Ratte	쥐
Schaf	양
Stier	황소
Tiger	호랑이
Wal	고래
Wolf	늑대
Zebra	얼룩말

Schach
체스

Champion	챔피언
Diagonal	대각선
Gegner	상대
Klug	영리한
König	왕
Königin	퀸
Opfer	희생
Passiv	수동태
Regeln	규칙
Schwarz	블랙
Spiel	게임
Spieler	플레이어
Strategie	전략
Turnier	토너먼트
Weiss	하얀
Wettbewerb	대회
Zeit	시각

Schlösser
성

Drache	용
Dynastie	왕조
Edel	고귀한
Einhorn	일각수
Festung	요새
Feudal	봉건
Katapult	투석기
Königreich	왕국
Krone	왕관
Palast	궁전
Pferd	말
Prinz	왕자
Prinzessin	공주
Reich	제국
Ritter	기사
Rüstung	갑옷
Schild	방패
Schwert	검
Turm	탑
Wand	벽

Schokolade
초콜릿

Antioxidans	항산화제
Bitter	쓴
Erdnüsse	땅콩
Exotisch	이국적인
Favorit	좋아하는
Geschmack	맛
Handwerklich	장인
Kakao	카카오
Kalorien	칼로리
Karamell	캐러멜
Kokosnuss	코코넛
Köstlich	맛있는
Pulver	가루
Qualität	품질
Rezept	레시피
Süss	달콤한
Verlangen	갈망
Zucker	설탕
Zutat	성분

Schule #1
학교 #1

Alphabet	알파벳
Antworten	답변
Bibliothek	도서관
Bleistift	연필
Bücher	책
Freunde	친구
Klassenzimmer	교실
Lehrer	선생님
Mathematik	수학
Mittagessen	점심
Ordner	폴더
Papier	종이
Prüfungen	시험
Quiz	퀴즈
Schreibtisch	책상
Spass	재미
Stifte	펜
Stuhl	의자
Zahlen	숫자

Schule #2
학교 #2

Bibliothek	도서관
Bildung	교육
Bleistift	연필
Bus	버스
Bücher	책
Computer	컴퓨터
Grammatik	문법
Kalender	달력
Lernen	학습
Lesen	독서
Literatur	문학
Mathematik	수학
Papier	종이
Radiergummi	지우개
Rucksack	배낭
Schere	가위
Spiele	게임
Stifte	펜
Wissenschaft	과학
Wörterbuch	사전

Science Fiction
사이언스 픽션

Bücher	책
Chemikalien	화학 물질
Dystopie	디스토피아
Explosion	폭발
Fantastisch	환상적인
Fern	먼
Feuer	불
Futuristisch	미래
Galaxie	은하
Geheimnisvoll	신비한
Illusion	환상
Imaginär	상상의
Kino	영화
Orakel	오라클
Planet	행성
Roboter	로봇
Szenario	대본
Technologie	기술
Utopie	유토피아
Welt	세계

Sommer
여름

Bücher	책
Camping	캠핑
Entspannung	휴식
Erinnerungen	추억
Essen	음식
Familie	가족
Freizeit	여가
Freude	기쁨
Freunde	친구
Garten	정원
Meer	바다
Musik	음악
Reise	여행
Sandalen	샌들
Spiele	게임
Sterne	별
Strand	해변
Tauchen	다이빙
Urlaub	휴가

Spielzeuge
장난감

Auto	차
Ball	공
Boot	배
Buntstifte	크레용
Bücher	책
Drachen	연
Fahrrad	자전거
Favorit	좋아하는
Flugzeug	비행기
Kunsthandwerk	공예
Lkw	트럭
Phantasie	상상력
Puppe	인형
Puzzle	퍼즐
Roboter	로봇
Schach	체스
Schlagzeug	드럼
Spiele	게임
Ton	점토
Zug	기차

Sport
스포츠

Athlet	선수
Baseball	야구
Basketball	농구
Bewegung	운동
Eishockey	하키
Fahrrad	자전거
Gewinner	우승자
Golf	골프
Gymnasium	체육관
Gymnastik	체조
Mannschaft	팀
Meisterschaft	챔피언십
Schiedsrichter	심판
Spiel	게임
Spieler	플레이어
Stadion	경기장
Tennis	테니스
Trainer	코치

Stadt
타운

Apotheke	약국
Bank	은행
Bäckerei	빵집
Bibliothek	도서관
Blumenhändler	플로리스트
Buchhandlung	서점
Flughafen	공항
Galerie	갤러리
Hotel	호텔
Kino	영화
Klinik	진료소
Markt	시장
Museum	박물관
Restaurant	식당
Schule	학교
Stadion	경기장
Supermarkt	슈퍼마켓
Theater	극장
Universität	대학
Zoo	동물원

Strand
바닷가

Blau	블루
Boot	배
Dock	독
Handtuch	수건
Insel	섬
Krabbe	게
Küste	해안
Lagune	라군
Meer	바다
Ozean	대양
Regenschirm	우산
Riff	암초
Sand	모래
Sandalen	샌들
Segelboot	범선
Sonne	태양
Urlaub	휴가

Surfen
서핑

Anfänger	초보자
Athlet	선수
Beliebt	인기있는
Champion	챔피언
Geschwindigkeit	속도
Magen	위
Mengen	군중
Ozean	대양
Riff	암초
Schaum	거품
Spass	재미
Spray	스프레이
Stärke	힘
Stil	스타일
Strand	해변
Welle	파도
Wetter	날씨

Tage und Monate
일 및 월

August	팔월
Dienstag	화요일
Donnerstag	목요일
Freitag	금요일
Jahr	년
Juli	칠월
Kalender	달력
März	행진
Mittwoch	수요일
Monat	월
Montag	월요일
November	십일월
Oktober	십월
Samstag	토요일
September	구월
Sonntag	일요일
Woche	주

Tanzen
댄스

Akademie	학원
Anmut	은혜
Ausdrucksvoll	나타내는
Bewegung	운동
Choreographie	안무
Emotion	감정
Freudig	즐거운
Haltung	자세
Klassisch	고전
Körper	몸
Kultur	문화
Kunst	예술
Musik	음악
Partner	파트너
Probe	리허설
Rhythmus	리듬
Traditionell	전통적
Visuell	시각

Technologie
기술

Bildschirm	화면
Blog	블로그
Browser	브라우저
Bytes	바이트
Computer	컴퓨터
Cursor	커서
Datei	파일
Daten	데이터
Digital	디지털
Forschung	연구
Internet	인터넷
Kamera	카메라
Nachricht	메시지
Schriftart	글꼴
Sicherheit	보안
Software	소프트웨어
Statistik	통계
Virtuell	가상
Virus	바이러스

Tools
도구

Axt	도끼
Fackel	토치
Hammer	망치
Hefter	호치키스
Heftklammer	스테이플
Kabel	케이블
Leim	접착제
Leiter	사다리
Messer	칼
Rad	휠
Rasierer	면도기
Schaufel	삽
Schere	가위
Schraube	나사
Seil	밧줄
Zange	펜치

Urlaub #1
휴가 #1

Abreise	출발
Auto	차
Entspannung	휴식
Expedition	원정
Fahrkarte	표
Flugzeug	비행기
Koffer	여행 가방
Museum	박물관
Regenschirm	우산
Route	일정
Rucksack	배낭
See	호수
Strassenbahn	시가 전차
Tourist	관광객
Währung	통화
Zoll	세관

Urlaub #2
휴가 #2

Ausländer	외국인
Ausländisch	외국의
Camping	캠핑
Flughafen	공항
Freizeit	여가
Hotel	호텔
Insel	섬
Karte	지도
Meer	바다
Pass	여권
Reise	여행
Restaurant	식당
Strand	해변
Taxi	택시
Transport	교통
Urlaub	휴일
Visum	비자
Zelt	텐트
Ziel	목적지
Zug	기차

Vögel
새들

Adler	독수리
Ei	계란
Ente	오리
Eule	올빼미
Flamingo	플라밍고
Gans	거위
Huhn	닭
Krähe	까마귀
Kuckuck	뻐꾸기
Möwe	갈매기
Papagei	앵무새
Pelikan	펠리컨
Pfau	공작
Pinguin	펭귄
Reiher	헤론
Schwan	백조
Spatz	참새
Storch	황새
Taube	비둘기
Toucan	부리새

Wandern
하이킹

Berg	산
Camping	캠핑
Führer	가이드
Gefahren	위험
Gipfel	서밋
Karte	지도
Klima	기후
Klippe	낭떠러지
Müde	피곤한
Natur	자연
Orientierung	정위
Schwer	무거운
Sonne	태양
Steine	돌
Stiefel	부츠
Tiere	동물
Vorbereitung	준비
Wasser	물
Wetter	날씨
Wild	야생

Wasser
워터

Bewässerung	관개
Dampf	증기
Dusche	샤워
Eis	얼음
Feuchtigkeit	수분
Fluss	강
Flut	홍수
Frost	서리
Geysir	간헐천
Hurrikan	허리케인
Kanal	운하
Monsun	우기
Ozean	대양
Regen	비
Schnee	눈
See	호수
Verdunstung	증발
Wellen	파도

Wetter
날씨

Atmosphäre	분위기
Blitz	번개
Brise	미풍
Donner	천둥
Dürre	가뭄
Eis	얼음
Himmel	하늘
Hurrikan	허리케인
Klima	기후
Monsun	우기
Nebel	안개
Polar	극선
Regenbogen	무지개
Sturm	폭풍
Temperatur	온도
Tornado	토네이도
Trocken	마른
Tropisch	열대
Wind	바람
Wolke	구름

Wissenschaft
과학

Atom	원자
Chemisch	화학
Daten	데이터
Evolution	진화
Experiment	실험
Fossil	화석
Hypothese	가설
Klima	기후
Labor	실험실
Methode	방법
Mineralien	탄산수
Moleküle	분자
Natur	자연
Organismus	유기체
Partikel	입자
Pflanzen	식물
Physik	물리학
Schwerkraft	중력
Tatsache	사실
Wissenschaftler	과학자

Wissenschaftliche Disziplinen
과학 분야

Anatomie	해부
Archäologie	고고학
Astronomie	천문학
Biochemie	생화학
Biologie	생물학
Botanik	식물학
Chemie	화학
Geologie	지질학
Immunologie	면역학
Kinesiologie	운동학
Linguistik	언어학
Mechanik	역학
Mineralogie	광물학
Neurologie	신경학
Ökologie	생태학
Physiologie	생리학
Psychologie	심리학
Soziologie	사회학
Thermodynamik	열역학
Zoologie	동물학

Zahlen
숫자

Acht	여덟
Achtzehn	십팔
Dezimal	십진수
Drei	삼
Dreizehn	열셋
Fünf	다섯
Fünfzehn	열 다섯
Neun	아홉
Neunzehn	열아홉
Null	영
Sechs	여섯
Sechzehn	식스틴
Sieben	일곱
Siebzehn	열일곱
Vier	포
Vierzehn	십사
Zehn	십
Zwanzig	스물
Zwei	두
Zwölf	열두

Zeit
시간

Gestern	어제
Heute	오늘
Jahr	년
Jahrhundert	세기
Jahrzehnt	십년
Jährlich	연간
Jetzt	지금
Kalender	달력
Minute	분
Mittag	정오
Monat	월
Morgen	아침
Nach	후
Nacht	밤
Stunde	시간
Tag	일
Uhr	시계
Vor	전에
Woche	주
Zukunft	미래

Zirkus
서커스

Affe	원숭이
Akrobat	곡예사
Ballons	풍선
Elefant	코끼리
Fahrkarte	표
Jongleur	요술쟁이
Kostüm	복장
Löwe	사자
Magie	마법
Musik	음악
Tiere	동물
Tiger	호랑이
Trick	트릭
Zauberer	마술사
Zelt	텐트
Zuschauer	구경꾼

Zu Füllen
채우기

Becken	분지
Box	상자
Eimer	버킷
Fass	통
Flasche	병
Karton	판지
Koffer	여행 가방
Korb	바구니
Krug	항아리
Mappe	폴더
Paket	패킷
Rohr	튜브
Schublade	서랍
Tablett	쟁반
Tasche	가방
Umschlag	봉투
Vase	꽃병

Gratuliere

Sie haben es geschafft !!

Wir hoffen, dass euch dieses Buch genauso viel Spaß gemacht hat wie uns dessen Herstellung. Wir tun unser Bestes, um qualitativ hochwertige Spiele zu erfinden. Diese Rätsel sind auf eine clevere Art und Weise entworfen, damit sie aktiv lernen und daran Vergnügen finden.

Hat ihnen das Buch gefallen ?

Eine einfache Bitte

Unsere Bücher existieren dank der Rezensionen, die sie veröffentlichen. Können sie uns helfen indem sie jetzt eine Meinung hinterlassen ?

Hier ist ein kurzer Link, der Sie zu ihrer Bewertungsseite führt

BestBooksActivity.com/Rezension50

MONSTER HERAUSFÖRDERUNGEN !

Herausförderung 1

Bereit für ihr Bonusspiel? Wir verwenden sie ständig, aber sie sind nicht einfach zu finden. Es sind die Synonyme !

Notieren sie 5 Wörter, die sie in den untenstehenden Rätseln (Nummer 21, 36 und 76) entdeckt haben und versuchen sie für jedes Wort 2 Synonyme zu finden .

Notieren sie 5 Wörter aus *Rätsel 21*

Wörter	Synonym 1	Synonym 2

Notieren sie 5 Wörter aus *Rätsel 36*

Wörter	Synonym 1	Synonym 2

Notieren sie 5 Wörter aus *Rätsel 76*

Wörter	Synonym 1	Synonym 2

Herausförderung 2

Jetzt, wo sie warm sind, notieren sie 5 Wörter, die sie in jedem der untenaufgeführten Rätseln entdeckt haben (Nummer 9, 17 und 25) und versuchen sie für jedes Wort 2 Antonyme zu finden. Wie viele davon können sie binnen 20 Minuten finden ?

*Notieren sie 5 Wörter aus **Rätsel 9***

Wörter	Antonym 1	Antonym 2

*Notieren sie 5 Wörter aus **Rätsel 17***

Wörter	Antonym 1	Antonym 2

*Notieren sie 5 Wörter aus **Rätsel 25***

Wörter	Antonym 1	Antonym 2

Herausförderung 3

Wunderbar, diese Monster Herausförderung  wird kein Problem für sie sein !

Bereit für die letzte Herausförderung? Wählen sie ihre 10 Lieblingswörter aus, die sie in einem Rätsel entdeckt haben und notieren sie sie unten.

1.		6.	
2.		7.	
3.		8.	
4.		9.	
5.		10.	

Die Aufgabe besteht nun darin mit diesen Wörtern und in maximal sechs Sätzen einen Text herzustellen über eine Person, ein Tier oder ein Ort den sie lieben !

Tipp : sie können die letzten leeren Seiten dieses Buches als Entwurf verwenden

Ihr Schreiben :

NOTIZBUCH :

AUF BALDIGES WIEDERSEHEN !

Linguas Classics

KOSTENLOSE SPIELE GENIESSEN

GO

↓

BESTACTIVITYBOOKS.COM/FREEGAMES